Smagfulde Thai Retter 2023

En rejse gennem Thailands kulinariske landskab

Freja Nyström

Resumé

Rejer med litchisauce 10
Stegte rejer med mandariner 11
Rejer med hakket sauce 12
Rejer med kinesiske svampe 13
Stegte rejer og ærter 14
Rejer med mangochutney 15
Stegte rejefrikadeller med løgsauce 16
Mandarin rejer med ærter 17
Peking rejer 18
Rejer med peberfrugt 19
Stegte rejer med svinekød 20
Stegt kongekrabbe med sherrysauce 21
stegte rejer med sesamfrø 22
Dampede rejer i deres skal 23
Stegte rejer 24
tempura rejer 25
under gummi 25
Rejer med tofu 26
Rejer med tomater 27
Rejer med tomatsauce 28
Rejer med tomater og chilisauce 29
Stegte rejer med tomatsauce 30
Rejer med grøntsager 31
Rejer med vandkastanjer 32
Rejer Wonton 33
med abalone kylling 34
Abalone med asparges 35
Abalone med svampe 37
Abalone med østerssauce 37
dampede muslinger 38
Muslinger med bønnespirer 39
Muslinger med ingefær og hvidløg 40

stegte muslinger 41
krabbekager 42
Kræftcreme... 43
Kinesisk krabbekød med blade 44
Foo Yung krabbe med bønnespirer.................................. 45
ingefær krabbe 46
Krabbe Lo Mein 47
Stegt krabbe med svinekød... 48
Dampet krabbekød 49
Stegte blækspruttefrikadeller 50
Kantonesisk hummer... 51
stegt hummer.. 52
Dampet hummer med skinke 52
Hummer med svampe.. 53
Hummerhale med svinekød.. 54
stegt hummer.. 56
hummerreder.. 57
Muslinger i sort bønnesauce... 58
Muslinger med ingefær 59
Dampede muslinger 60
stegte østers.. 61
Østers med bacon... 62
Stegte østers med ingefær 63
Østers med sorte bønnesauce 64
Kammuslinger med bambusskud 65
Kammuslinger med æg.. 66
Kammuslinger med broccoli 67
Kammuslinger med ingefær.. 69
muslinger med skinke 70
Røræg med kammuslinger og krydderurter 71
Ristede muslinger og løg... 72
Kammuslinger med grøntsager... 73
Kammuslinger med paprika.. 74
Blæksprutte med bønnespirer 75
stegt blæksprutte 76
Blækspruttepakker 77

Stegt calamari ruller 78
stegt blæksprutte 80
Blæksprutte med tørrede svampe 80
Blæksprutte med grøntsager 81
Oksegryderet med anis 82
Kalvekød med asparges 83
Oksekød med bambusskud 84
Oksekød med bambusskud og svampe 85
Kinesisk braiseret oksekød 86
Oksekød med bønnespirer 87
Oksekød med broccoli 88
Sesam oksekød med broccoli 89
Grillet kød 91
Kantonesisk kød 92
Oksekød med gulerødder 93
Oksekød med cashewnødder 94
Oksekød slow cooker 95
Oksekød med blomkål 96
Kalvekød med selleri 97
Roastbeef skiver med selleri 98
Skåret oksekød med kylling og selleri 99
Kød med chili 100
Oksekød kinakål 101
Kalvekød Chop Suey 102
oksekød med agurk 104
kød chow mein 105
agurkebøf 106
Roastbeef karry 107
syltet abalone 108
Dampet bambusskud 110
Agurk kylling 111
Sesam kylling 112
Litchi med ingefær 113
Røde kogte kyllingevinger 114
Krabbekød med agurk 115
syltede svampe 116

Marinerede hvidløgssvampe 117
Rejer og blomkål 118
Skinkestave med sesam 119
kold tofu 120
Kylling med bacon 121
Kylling og banan fritter 122
Kylling med ingefær og svampe 123
kylling og skinke 125
Grillet kyllingelever 126
Krabbekugler med vandkastanjer 127
dim sum 128
Skinke og kyllingeruller 129
Bagt skinke hvirvler 131
pseudo røget fisk 132
dampede svampe 134
Svampe i østerssauce 135
Svinekød og salatrulle 136
Svinekød og kastanjefrikadeller 138
svineboller 139
Svine- og oksekødboller 140
sommerfugle rejer 141
kinesiske rejer 142
drageskyer 143
sprøde rejer 144
Rejer med ingefærsauce 145
Rejer og pastaruller 146
rejetoast 148
Svinekød og rejer wonton med sød og sur sauce 149
Hønsekødssuppe 151
Svinekød og bønnespiresuppe 152
Abalone og svampesuppe 153
Kylling og asparges suppe 155
Oksekød suppe 156
Kinesisk oksekød og bladsuppe 157
Kålsuppe 158
Krydret oksekødsuppe 159

himmelsk suppe 161
Kylling og bambusskudsuppe 162
Kylling og majssuppe 163
Kylling og ingefær suppe 164
Kinesisk kyllingesuppe med svampe 165
Kyllingesuppe og ris 166
Kylling og kokossuppe 167
Muslingesuppe 168
æggesuppe 169
Krabbe og muslingesuppe 170
krabbesuppe 172
Fiske suppe 173
Fisk og salatsuppe 174
Ingefærsuppe med frikadeller 176
varm og sur suppe 177
Svampesuppe 178
Svampe- og kålsuppe 179
Svampeæggesuppe 180
Svampe- og kastanjesuppe med vand 181
Svinekød og svampesuppe 182
Svinekød og brøndkarse suppe 183
Svinekød agurk suppe 184
Suppe med frikadeller og pasta 185
Spinat og tofu suppe 186
Sukkermajs og krabbejuice 187
Szechuan suppe 188
tofu suppe 190
Fisk og tofu suppe 191
Tomatsuppe 192
Tomat og spinatsuppe 193
majroesuppe 194
Suppe 195
vegetarsuppe 196
brøndkarse suppe 197
Stegt fisk med grøntsager 198
Hel stegt fisk 200

Dampet sojafisk *201*
Sojafisk med østerssauce *202*
dampet havaborre *204*
Dampet fisk med svampe *205*
sød og sur fisk *207*
Flæsk fyldt fisk *209*
Dampet krydret karpe *211*

Rejer med litchisauce

Serverer 4

50 g / 2 oz / ¬Ω én kop (alle formål)

Mel

2,5 ml / ¬Ω teskefuld salt

1 æg, let pisket

30 ml / 2 spsk vand

450 g pillede rejer

vi steger olie

30 ml / 2 spsk jordnøddeolie (peanut).

2 skiver ingefærrod, hakket

30 ml / 2 spsk vineddike

5 ml / 1 tsk sukker

2,5 ml / ¬Ω teskefuld salt

15 ml / 1 spsk sojasovs

200 g litchi på dåse, afdryppet

Bland mel, salt, æg og vand til du får en dej, tilsæt eventuelt lidt vand. Bland med rejerne, indtil de er godt dækket. Varm olien op og steg rejerne til de er gyldenbrune og sprøde på få minutter. Afdryp på køkkenpapir og kom i en varm skål. Varm imens olien op og steg ingefæren i 1 minut. Tilsæt vineddike, sukker, salt og sojasovs. Tilsæt litchi og rør, indtil det er varmt og dækket med sauce. Hæld rejerne over og server med det samme.

Stegte rejer med mandariner

Serverer 4

60 ml / 4 spiseskefulde jordnøddeolie (peanut).
1 fed hvidløg, knust
1 skive ingefærrod, hakket
450 g pillede rejer
30 ml / 2 spsk risvin eller tør sherry 30 ml / 2 spsk sojasovs
15 ml / 1 spsk majsmel (majsstivelse)
45 ml / 3 spsk vand

Varm olien op og steg hvidløg og ingefær gyldenbrun. Tilsæt rejerne og steg i 1 minut. Tilsæt vin eller sherry og bland godt. Tilsæt sojasovs, majsstivelse og vand og lad det simre i 2 minutter.

Rejer med hakket sauce

Serverer 4

5 tørrede kinesiske svampe

225 g bønnespirer

60 ml / 4 spiseskefulde jordnøddeolie (peanut).

5 ml / 1 tsk salt

2 stilke selleri, hakket

4 forårsløg (spidskål), hakket

2 fed hvidløg, hakket

2 skiver ingefærrod, hakket

60 ml / 4 spiseskefulde vand

15 ml / 1 spsk sojasovs

15 ml / 1 spsk risvin eller tør sherry

225 g mangetout (ærter)

225 g pillede rejer

15 ml / 1 spsk majsmel (majsstivelse)

Blødgør svampene i varmt vand i 30 minutter, og filtrer derefter. Fjern stilkene og skær toppen af. Blancher bønnespirerne i kogende vand i 5 minutter, og dræn derefter godt af. Varm halvdelen af olien op og steg salt, selleri, forårsløg og bønnespirer i 1 minut, og tag derefter af panden. Opvarm den resterende olie og svits hvidløg og ingefær gyldenbrune. Tilsæt halvdelen af vandet, sojasovsen, vin eller sherry, sneærter og rejer, bring det i kog og lad det simre i 3 minutter. Kombiner majsstivelsen og det resterende vand, kom i gryden og rør, indtil saucen tykner. Kom grøntsagerne tilbage i gryden, lad det simre varmt. Server straks.

Rejer med kinesiske svampe

Serverer 4

8 tørrede kinesiske svampe

45 ml / 3 spiseskefulde jordnøddeolie (peanut).

3 skiver ingefærrod, hakket

450 g pillede rejer

15 ml / 1 spsk sojasovs

5 ml / 1 tsk salt

60 ml / 4 spsk fiskejuice

Blødgør svampene i varmt vand i 30 minutter, og filtrer derefter. Fjern stilkene og skær toppen af. Varm halvdelen af olien op og steg ingefæren gyldenbrun. Tilsæt rejer, sojasovs og salt og steg, indtil olien er fordampet, og tag derefter af panden. Varm den resterende olie op og steg svampene til de er dækket. Tilsæt bouillon, bring det i kog, læg låg på og lad det simre i 3 minutter. Kom rejerne tilbage i gryden og rør, indtil de er gennemvarme.

Stegte rejer og ærter

Serverer 4

450 g pillede rejer

5 ml / 1 tsk sesamolie

5 ml / 1 tsk salt

30 ml / 2 spsk jordnøddeolie (peanut).

1 fed hvidløg, knust

1 skive ingefærrod, hakket

225 g frosne eller blancherede ærter, optøet

4 forårsløg (spidskål), hakket

30 ml / 2 spsk vand

salt peber

Bland rejerne med sesamolie og salt. Varm olien op og steg hvidløg og ingefær i 1 minut. Tilsæt rejerne og sauter i 2 minutter. Tilsæt ærterne og lad det simre i 1 minut. Tilsæt forårsløg og vand, smag til med salt, peber og lidt sesamolie, hvis du har lyst. Før servering varmes den op ved at røre forsigtigt.

Rejer med mangochutney

Serverer 4

12 rejer

salt peber

Saft af 1 citron

30 ml / 2 spsk majsmel (majsstivelse)

1 mango

5 ml / 1 tsk sennepspulver

5 ml / 1 tsk honning

30 ml / 2 spsk kokoscreme

30 ml / 2 spsk mildt karrypulver

120 ml / 4 fl oz / ¬Ω kop kyllingebouillon

45 ml / 3 spiseskefulde jordnøddeolie (peanut).

2 fed hvidløg, hakket

2 forårsløg (spidskål), hakket

1 fennikel, jord

100 g mango chutney

Pil rejerne, og lad halerne være intakte. Drys med salt, peber og citronsaft, og drys derefter halvdelen af majsstivelsen ovenpå.

Skræl mangoen, skær frugtkødet fra benet, og skær det derefter i tern. Bland sennep, honning, kokoscreme, karry, resterende majsstivelse og bouillon sammen. Varm halvdelen af olien op og steg hvidløg, forårsløg og fennikel heri i 2 minutter. Tilsæt bouillon, bring det i kog og lad det simre i 1 minut. Tilsæt mangoterningerne og den varme sauce, bring det i kog ved svag varme, og læg derefter på en varm tallerken. Opvarm den resterende olie og damp rejerne i 2 minutter. Anret ovenpå grøntsagerne og server med det samme.

Stegte rejefrikadeller med løgsauce

Serverer 4

3 æg, let pisket

45 ml / 3 spiseskefulde mel (til alle formål).

salt og friskkværnet peber

450 g pillede rejer

vi steger olie

15 ml / 1 spsk jordnøddeolie (peanut).

2 løg, hakket

15 ml / 1 spsk majsmel (majsstivelse)

30 ml / 2 spsk sojasovs

175 ml / 6 fl oz / ¬œ kop vand

Bland æg, mel, salt og peber. Dyp rejerne i dejen. Varm olien op og steg rejerne til de er gyldenbrune. Varm imens olien op og steg løget i 1 minut. Rør resten af ingredienserne til det er skummende, tilsæt løget og kog under omrøring indtil saucen tykner. Dræn rejerne og læg dem i en varm skål. Hæld saucen over og server med det samme.

Mandarin rejer med ærter

Serverer 4

60 ml / 4 spiseskefulde jordnøddeolie (peanut).

1 fed hvidløg, hakket

1 skive ingefærrod, hakket

450 g pillede rejer

30 ml / 2 spsk risvin eller tør sherry

225 g frosne ærter, optøet

30 ml / 2 spsk sojasovs

15 ml / 1 spsk majsmel (majsstivelse)

45 ml / 3 spsk vand

Varm olien op og steg hvidløg og ingefær gyldenbrun. Tilsæt rejerne og steg i 1 minut. Tilsæt vin eller sherry og bland godt. Tilsæt ærterne og lad det simre i 5 minutter. Tilsæt de øvrige ingredienser og steg i 2 minutter.

Peking rejer

Serverer 4

30 ml / 2 spsk jordnøddeolie (peanut).
2 fed hvidløg, hakket
1 skive ingefærrod, finthakket
225 g pillede rejer
4 forårsløg (spidskål), skåret i tykke skiver
120 ml / 4 fl oz / ¬Ω kop kyllingebouillon
5 ml / 1 tsk brun farin
5 ml / 1 tsk sojasovs
5 ml / 1 tsk hoisinsauce
5 ml / 1 tsk Tabasco sauce

Varm olien op med hvidløg og ingefær og steg indtil hvidløget er let brunet. Tilsæt rejerne og steg i 1 minut. Tilsæt purløg og steg i 1 minut. Tilsæt de øvrige ingredienser, bring det i kog, læg låg på og lad det simre i 4 minutter under omrøring af og til. Tjek krydderiet og tilsæt lidt mere Tabasco, hvis du har lyst.

Rejer med peberfrugt

Serverer 4

30 ml / 2 spsk jordnøddeolie (peanut).
1 grøn peberfrugt i tern
450 g pillede rejer
10 ml / 2 tsk majsmel (majsstivelse)
60 ml / 4 spiseskefulde vand
5 ml / 1 tsk risvin eller tør sherry
2,5 ml / ¬Ω teskefuld salt
45 ml / 2 spsk tomatpure √ © e (pasta)

Varm olien op og steg peberfrugten i 2 minutter. Tilsæt rejer og tomatpure og bland godt. Bland majsmelsvand, vin eller sherry og salt til en pasta, bland i gryden og fortsæt med at blande, indtil saucen bliver klar og tykner.

Stegte rejer med svinekød

Serverer 4

225 g pillede rejer
100 g magert svinekød, hakket
60 ml / 4 spsk risvin eller tør sherry
1 æggehvide
45 ml / 3 spsk majsmel (majsstivelse)
5 ml / 1 tsk salt
15 ml / 1 spsk vand (valgfrit)
90 ml / 6 spiseskefulde jordnøddeolie (peanut).
45 ml / 3 spsk fiskejuice
5 ml / 1 tsk sesamolie

Læg rejer og svinekød i hver sin skål. Bland 45 ml / 3 spsk vin eller sherry, æggehvide, 30 ml / 2 spsk majsstivelse og salt, indtil det er glat, tilsæt vand, hvis det er nødvendigt. Fordel blandingen mellem svinekød og rejer og vend godt rundt, så det bliver jævnt. Varm olien op og steg svinekød og rejer gyldenbrune om et par minutter. Fjern fra panden og hæld alt på nær 15 ml/1 spsk olie. Tilsæt bouillon til gryden med resten af vinen eller sherryen og majsstivelsen. Bring det i kog og lad det simre under omrøring, indtil saucen tykner. Hæld rejer og svinekød over og server overhældt med sesamolie.

Stegt kongekrabbe med sherrysauce

Serverer 4

50 g / 2 oz / ¬Ω kop universalmel.

2,5 ml / ¬Ω teskefuld salt

1 æg, let pisket

30 ml / 2 spsk vand

450 g pillede rejer

vi steger olie

15 ml / 1 spsk jordnøddeolie (peanut).

1 løg, finthakket

45 ml / 3 spsk risvin eller tør sherry

15 ml / 1 spsk sojasovs

120 ml / 4 fl oz / ¬Ω kop fiskejuice

10 ml / 2 tsk majsmel (majsstivelse)

30 ml / 2 spsk vand

Bland mel, salt, æg og vand til du får en dej, tilsæt eventuelt lidt vand. Bland med rejerne, indtil de er godt dækket. Varm olien op og steg rejerne til de er gyldenbrune og sprøde på få minutter. Afdryp på køkkenpapir og kom i en varm skål. Varm imens olien op og steg løget, indtil det er blødt. Tilsæt vin eller sherry, sojasovs og bouillon, bring det i kog og lad det simre i 4 minutter. Bland majsmel og vand i, indtil det danner en pasta, rør i gryden og fortsæt med at røre, indtil saucen er klar og tyknet. Hæld saucen over rejerne og server.

stegte rejer med sesamfrø

Serverer 4

450 g pillede rejer

¬Ω æggehvide

5 ml / 1 tsk sojasovs

5 ml / 1 tsk sesamolie

50 g / 2 oz / ¬Ω kop majsmel (majsstivelse)

salt og friskkværnet hvid peber

vi steger olie

60 ml / 4 spsk sesamfrø

Salatblade

Bland rejerne med æggehvide, sojasauce, sesamolie, majsstivelse, salt og peber. Tilsæt lidt vand, hvis blandingen er for tyk. Varm olien op og steg rejerne i et par minutter, indtil de er let brune. Rist imens sesamfrøene kort på en tør pande, indtil de er gyldenbrune. Dræn rejerne og bland med sesamfrø. Server på en salatbund.

Dampede rejer i deres skal

Serverer 4

60 ml / 4 spiseskefulde jordnøddeolie (peanut).

750 g / 1¬Ω lb afskallede rejer

3 forårsløg (spidskål), hakket

3 skiver ingefærrod, hakket

2,5 ml / ¬Ω teskefuld salt

15 ml / 1 spsk risvin eller tør sherry

120 ml / 4 fl oz / ¬Ω kop ketchup (ketchup)

15 ml / 1 spsk sojasovs

15 ml / 1 spsk sukker

15 ml / 1 spsk majsmel (majsstivelse)

60 ml / 4 spiseskefulde vand

Varm olien op og steg rejerne i 1 minut, hvis de er kogte, eller indtil de er lyserøde, hvis de er rå. Tilsæt forårsløg, ingefær, salt og vin eller sherry og steg i 1 minut. Tilsæt ketchup, sojasovs og sukker og lad det simre i 1 minut. Bland majsstivelse og vand sammen, hæld i gryden og lad det simre under omrøring, indtil saucen lysner og tykner.

Stegte rejer

Serverer 4

75 g / 3 oz / dynget ¬ kop majsmel (majsstivelse)

1 æggehvide

5 ml / 1 tsk risvin eller tør sherry

Salt

350 g pillede rejer

vi steger olie

Bland majsstivelse, æggehvider, vin eller sherry og en knivspids salt til en tyk dej. Dyp rejerne i dejen, indtil de er godt dækket. Varm olien op og steg rejerne til de er gyldenbrune på et par minutter. Fjern fra olien, varm op til de er varme, og steg derefter rejerne igen, indtil de er sprøde og gyldenbrune.

tempura rejer

Serverer 4

450 g pillede rejer

30 ml / 2 spsk mel (til alle formål).

30 ml / 2 spsk majsmel (majsstivelse)

30 ml / 2 spsk vand

2 sammenpisket æg

vi steger olie

Skær rejerne i halve på den inderste kurve og åbn dem til en sommerfugl. Bland mel, majsstivelse og vand, indtil det danner en dej, og tilsæt derefter æggene. Varm olien op og steg rejerne til de er gyldenbrune.

under gummi

Serverer 4

30 ml / 2 spsk jordnøddeolie (peanut).

2 forårsløg (spidskål), hakket

1 fed hvidløg, knust

1 skive ingefærrod, hakket

100 g kyllingebryst skåret i strimler

100 g skinke, skåret i strimler

100 g bambusskud skåret i strimler

100 g vandkastanjer skåret i strimler

225 g pillede rejer

30 ml / 2 spsk sojasovs

30 ml / 2 spsk risvin eller tør sherry

5 ml / 1 tsk salt

5 ml / 1 tsk sukker

5 ml / 1 tsk majsmel (majsstivelse)

Varm olien op og svits forårsløg, hvidløg og ingefær gyldenbrune. Tilsæt kyllingen og steg i 1 minut. Tilsæt skinke, bambusskud og vandkastanjer og steg i 3 minutter. Tilsæt rejerne og steg i 1 minut. Tilsæt sojasovs, vin eller sherry, salt og sukker og lad det simre i 2 minutter. Bland majsstivelsen med lidt vand, hæld den i gryden og kog den ved svag varme under omrøring i 2 minutter.

Rejer med tofu

Serverer 4

45 ml / 3 spiseskefulde jordnøddeolie (peanut).

225 g tofu i tern

1 forårsløg (løg), finthakket

1 fed hvidløg, knust

15 ml / 1 spsk sojasovs

5 ml / 1 tsk sukker

90 ml / 6 spsk fiskejuice

225 g pillede rejer

15 ml / 1 spsk majsmel (majsstivelse)

45 ml / 3 spsk vand

Varm halvdelen af olien op og steg tofuen, indtil den er let brunet, og tag den derefter af panden. Varm den resterende olie op og svits forårsløg og hvidløg til de er gyldenbrune. Tilsæt sojasauce, sukker og bouillon og bring det i kog. Tilsæt rejerne og rør ved svag varme i 3 minutter. Bland majsmel og vand, indtil det bliver en pasta, bland det i gryden og lad det simre under omrøring, indtil saucen tykner. Kom tofuen tilbage i gryden og lad den simre varm.

Rejer med tomater

Serverer 4

2 æggehvider

30 ml / 2 spsk majsmel (majsstivelse)

5 ml / 1 tsk salt

450 g pillede rejer

vi steger olie

30 ml / 2 spsk risvin eller tør sherry

225 g tomater, pillede, udkernede og hakkede

Bland æggehvider, majsstivelse og salt. Tilsæt rejerne, indtil de er godt dækket. Varm olien op og steg rejerne til de er kogte. Hæld alt undtagen 15 ml/1 spsk olie i og varm op. Tilsæt vin eller sherry og tomater og bring det i kog. Tilsæt rejerne og varm hurtigt op inden servering.

Rejer med tomatsauce

Serverer 4

30 ml / 2 spsk jordnøddeolie (peanut).

1 fed hvidløg, knust

2 skiver ingefærrod, hakket

2,5 ml / ¬Ω teskefuld salt

15 ml / 1 spsk risvin eller tør sherry

15 ml / 1 spsk sojasovs

6 ml / 4 spsk ketchup

120 ml / 4 fl oz / ¬Ω kop fiskejuice

350 g pillede rejer

10 ml / 2 tsk majsmel (majsstivelse)

30 ml / 2 spsk vand

Varm olien op og steg hvidløg, ingefær og salt i 2 minutter. Tilsæt vin eller sherry, sojasovs, ketchup og bouillon og bring det i kog. Tilsæt rejerne, læg låg på og kog i 2 minutter. Bland majsmel og vand til en pasta, hæld det i gryden og lad det simre under omrøring, indtil saucen bliver klar og tykner.

Rejer med tomater og chilisauce

Serverer 4

60 ml / 4 spiseskefulde jordnøddeolie (peanut).
15 ml / 1 spiseskefuld malet ingefær
15 ml / 1 spiseskefuld hakket hvidløg
15 ml / 1 spsk hakket purløg
60 ml / 4 spsk tomatpasta √ © e (pasta)
15 ml / 1 spsk varm sauce
450 g pillede rejer
15 ml / 1 spsk majsmel (majsstivelse)
15 ml / 1 spsk vand

Varm olien op og steg ingefær, hvidløg og forårsløg heri i 1 minut. Tilsæt tomatpure og varm sauce og bland godt. Tilsæt rejerne og sauter i 2 minutter. Bland majsmel og vand, til det er glat, kom det i gryden og lad det simre, indtil saucen tykner. Server straks.

Stegte rejer med tomatsauce

Serverer 4

50 g / 2 oz / ¬Ω kop universalmel.

2,5 ml / ¬Ω teskefuld salt

1 æg, let pisket

30 ml / 2 spsk vand

450 g pillede rejer

vi steger olie

30 ml / 2 spsk jordnøddeolie (peanut).

1 løg, finthakket

2 skiver ingefærrod, hakket

75 ml / 5 spsk ketchup

10 ml / 2 tsk majsmel (majsstivelse)

30 ml / 2 spsk vand

Bland mel, salt, æg og vand til du får en dej, tilsæt eventuelt lidt vand. Bland med rejerne, indtil de er godt dækket. Varm olien op og steg rejerne til de er gyldenbrune og sprøde på få minutter. Afdryp på køkkenrulle.

Varm imens olien op og steg løg og ingefær blødt. Tilsæt ketchup og lad det simre i 3 minutter. Bland majsmel og vand, indtil det bliver en pasta, bland det i gryden og lad det simre under omrøring, indtil saucen tykner. Tilsæt rejerne i gryden og sauter indtil de er gennemvarme. Server straks.

Rejer med grøntsager

Serverer 4

15 ml / 1 spsk jordnøddeolie (peanut).

225 g / 8 oz broccolibuketter

225 g svampe

225 g bambusskud, skåret i skiver

450 g pillede rejer

120 ml / 4 fl oz / ¬Ω kop kyllingebouillon

5 ml / 1 tsk majsmel (majsstivelse)

5 ml / 1 tsk østerssauce

2,5 ml / ¬Ω teskefuld sukker

2,5 ml / ¬Ω tsk revet ingefærrod

knivspids friskkværnet peber

Varm olien op og steg broccolien i 1 minut. Tilsæt champignon og bambusskud og svits i 2 minutter. Tilsæt rejerne og sauter i 2 minutter. Bland de øvrige ingredienser og tilsæt til rejerne. Bring i kog under omrøring og kog derefter i 1 minut under konstant omrøring.

Rejer med vandkastanjer

Serverer 4

60 ml / 4 spiseskefulde jordnøddeolie (peanut).

1 fed hvidløg, hakket

1 skive ingefærrod, hakket

450 g pillede rejer

30 ml / 2 spsk risvin eller tør sherry 225 g / 8 oz vandkastanjer,

skåret i skiver

30 ml / 2 spsk sojasovs

15 ml / 1 spsk majsmel (majsstivelse)

45 ml / 3 spsk vand

Varm olien op og steg hvidløg og ingefær gyldenbrun. Tilsæt rejerne og steg i 1 minut. Tilsæt vin eller sherry og bland godt. Tilsæt vandkastanjer og steg i 5 minutter. Tilsæt de øvrige ingredienser og steg i 2 minutter.

Rejer Wonton

Serverer 4

450 g pillede rejer, skåret i små stykker

225 g hakkede blandede grøntsager

15 ml / 1 spsk sojasovs

2,5 ml / ¬Ω teskefuld salt

et par dråber sesamolie

40 wonton skind

vi steger olie

Bland rejer, grøntsager, sojasovs, salt og sesamolie.

For at folde wontons skal du holde skindet i din venstre håndflade og hælde noget af fyldet i midten. Pensl kanterne med æg og fold skindet til en trekant, forsegl kanterne. Fugt hjørnerne med æg og rul dem sammen.

Varm olien op og steg wontonsene en efter en, indtil de er gyldenbrune. Dræn godt af inden servering.

med abalone kylling

Serverer 4

400 g dåse abalone
30 ml / 2 spsk jordnøddeolie (peanut).
100 g kyllingebryst, skåret i tern
100 g bambusskud, skåret i skiver
250 ml / 8 fl oz / 1 kop fiskefond
15 ml / 1 spsk risvin eller tør sherry
5 ml / 1 tsk sukker

2,5 ml / ¬Ω teskefuld salt

15 ml / 1 spsk majsmel (majsstivelse)

45 ml / 3 spsk vand

Dræn og skær i skiver, sæt saften til side. Varm olien op og steg kyllingebrystet til det er lysebrunt. Tilsæt abalonen og bambusskuddene og steg i 1 minut. Tilsæt abalonevæsken, bouillon, vin eller sherry, sukker og salt, bring det i kog og lad det simre i 2 minutter. Bland majsmel og vand til en pasta og lad det simre under omrøring, indtil saucen lysner og tykner. Server straks.

Abalone med asparges

Serverer 4

10 tørrede kinesiske svampe

30 ml / 2 spsk jordnøddeolie (peanut).

15 ml / 1 spsk vand

225 g asparges

2,5 ml / ¬Ω teskefuld fiskesauce

15 ml / 1 spsk majsmel (majsstivelse)

225 g / 8 oz dåse abalone, skåret i skiver

60 ml / 4 spiseskefulde bouillon

¬Ω lille gulerod, skåret i skiver

5 ml / 1 tsk sojasovs

5 ml / 1 tsk østerssauce

5 ml / 1 tsk risvin eller tør sherry

Blødgør svampene i varmt vand i 30 minutter, og filtrer derefter. Kassér stilkene. Varm 15 ml / 1 spsk olie op med vand og steg champignonerne i 10 minutter. Kog imens aspargesene i kogende vand, til de er bløde med fiskesauce og 1 tsk/5 ml majsstivelse. Dræn godt af og læg i et varmt fad sammen med svampene. Hold dem varme. Varm den resterende olie op og steg abalonen i et par sekunder, og tilsæt derefter bouillon, gulerødder, sojasauce, østerssauce, vin eller sherry og den resterende majsstivelse. Kog i cirka 5 minutter, indtil de er møre, tilsæt derefter aspargesene og server.

Abalone med svampe

Serverer 4

6 tørrede kinesiske svampe
400 g dåse abalone
45 ml / 3 spiseskefulde jordnøddeolie (peanut).
2,5 ml / ¬Ω teskefuld salt
15 ml / 1 spsk risvin eller tør sherry
3 forårsløg (spidskål), skåret i tykke skiver

Blødgør svampene i varmt vand i 30 minutter, og filtrer derefter. Fjern stilkene og skær toppen af. Dræn og skær i skiver, sæt saften til side. Varm olien op og steg salt og svampe i 2 minutter. Tilsæt abalonevæsken og sherryen, bring det i kog, læg låg på og lad det simre i 3 minutter. Tilsæt abalonen og spidskålen og svits indtil de er gennemvarme. Server straks.

Abalone med østerssauce

Serverer 4

400 g dåse abalone

15 ml / 1 spsk majsmel (majsstivelse)

15 ml / 1 spsk sojasovs

45 ml / 3 spsk østerssauce

30 ml / 2 spsk jordnøddeolie (peanut).

50 g hakket røget skinke

Dræn den dåse abalone og reserver 90 ml / 6 spsk væske. Bland med majsstivelse, sojasovs og østerssauce. Varm olien op og damp den drænede abalone i 1 minut. Tilsæt sauceblandingen og lad det simre under omrøring, indtil det er varmt, cirka 1 minut. Kom i en varm skål og server pyntet med skinke.

dampede muslinger

Serverer 4

24 skaller

Rens muslingerne godt og læg dem i blød i saltvand i et par timer. Skyl dem under rindende vand og læg dem på en dyb bakke. Placer på en rist i dampkogeren, dæk til og damp i kogende vand i cirka 10 minutter, indtil alle muslinger har åbnet sig. Kassér dem, der forbliver lukkede. Server med saucer.

Muslinger med bønnespirer

Serverer 4

24 skaller

15 ml / 1 spsk jordnøddeolie (peanut).

150 g bønnespirer

1 grøn peberfrugt, skåret i strimler

2 forårsløg (spidskål), hakket

15 ml / 1 spsk risvin eller tør sherry

salt og friskkværnet peber

2,5 ml / ¬Ω teskefuld sesamolie

50 g hakket røget skinke

Rens muslingerne godt og læg dem i blød i saltvand i et par timer. Skyl under rindende vand. Kog en gryde vand op, tilsæt muslingerne og kog et par minutter til de åbner sig. Skru af og kassér alt, der forbliver lukket. Fjern muslingerne fra skallerne.

Varm olien op og steg bønnespirerne i 1 minut. Tilsæt peberfrugt og spidskål og svits i 2 minutter. Tilsæt vin eller sherry og smag til med salt og peber. Varm op, rør derefter muslingerne i og rør, indtil de er godt blandet og varmt. Læg på en varm tallerken og server drysset med sesamolie og skinke.

Muslinger med ingefær og hvidløg

Serverer 4

24 skaller

15 ml / 1 spsk jordnøddeolie (peanut).

2 skiver ingefærrod, hakket

2 fed hvidløg, hakket

15 ml / 1 spsk vand

5 ml / 1 tsk sesamolie

salt og friskkværnet peber

Rens muslingerne godt og læg dem i blød i saltvand i et par timer. Skyl under rindende vand. Varm olien op og steg ingefær og hvidløg i 30 sekunder. Tilsæt muslinger, vand og sesamolie, læg låg på og kog i ca. 5 minutter, indtil muslingerne åbner sig. Kassér dem, der forbliver lukkede. Krydr let med salt og peber og server med det samme.

stegte muslinger

Serverer 4

24 skaller

60 ml / 4 spiseskefulde jordnøddeolie (peanut).

4 fed hvidløg, hakket

1 finthakket løg

2,5 ml / ¬Ω teskefuld salt

Rens muslingerne godt og læg dem i blød i saltvand i et par timer. Skyl under rindende vand og tør. Varm olien op og svits hvidløg, løg og salt til det er blødt. Tilsæt muslinger, læg låg på og lad det simre i cirka 5 minutter, indtil alle skaller åbner sig. Kassér dem, der forbliver lukkede. Steg forsigtigt i yderligere 1 minut, smurt med olie.

krabbekager

Serverer 4

225 g bønnespirer

60 ml / 4 spsk jordnøddeolie 100 g / 4 oz bambusskud, skåret i strimler

1 finthakket løg

225 g krabbekød, i flager

4 æg, let pisket

15 ml / 1 spsk majsmel (majsstivelse)

30 ml / 2 spsk sojasovs

salt og friskkværnet peber

Blancher bønnespirerne i kogende vand i 4 minutter, og sigt derefter. Varm halvdelen af olien op og steg bønnespirer, bambusskud og løg til de er bløde. Fjern fra varmen og tilsæt alle andre ingredienser undtagen olien. Varm den resterende olie op i en ren pande og brug en ske til at stege krabbekødblandingen til små kager. Steg begge sider, indtil de er gyldenbrune, og server derefter straks.

Kræftcreme

Serverer 4

225 g krabbekød
5 sammenpisket æg
1 forårsløg (spidskål), finthakket
250 ml / 8 fl oz / 1 kop vand
5 ml / 1 tsk salt
5 ml / 1 tsk sesamolie

Bland alle ingredienserne godt sammen. Læg i en skål, dæk til og læg oven på dobbeltkedlen over varmt vand eller på en damprist. Lad det simre i cirka 35 minutter, indtil du får en pastacreme, rør af og til. Server med ris.

Kinesisk krabbekød med blade

Serverer 4

450 g / 1 lb kinesiske blade, revet
45 ml / 3 spiseskefulde vegetabilsk olie
2 forårsløg (spidskål), hakket
225 g krabbekød
15 ml / 1 spsk sojasovs
15 ml / 1 spsk risvin eller tør sherry
5 ml / 1 tsk salt

Blancher kinesiske blade i kogende vand i 2 minutter, dræn godt af og skyl med koldt vand. Varm olien op og svits forårsløget til det er gyldenbrunt. Tilsæt krabbekødet og steg i 2 minutter. Tilsæt de kinesiske blade og lad det simre i 4 minutter. Tilsæt sojasovs, vin eller sherry og salt og bland godt. Tilsæt bouillon og majsstivelse, bring det i kog, og lad det simre under omrøring i 2 minutter, indtil saucen lysner og tykner.

Foo Yung krabbe med bønnespirer

Serverer 4

6 sammenpisket æg

45 ml / 3 spsk majsmel (majsstivelse)

225 g krabbekød

100 g bønnespirer

2 forårsløg (spidskål), finthakket

2,5 ml / ¬Ω teskefuld salt

45 ml / 3 spiseskefulde jordnøddeolie (peanut).

Pisk ægget og derefter majsstivelsen. Bland alle de øvrige ingredienser undtagen olien. Varm olien op og hæld blandingen i gryden lidt efter lidt, så den dækker ca. Vi får små pandekager med en diameter på 7,5 cm. Steg bunden, til den er gyldenbrun, og vend den så og steg den anden side også.

ingefær krabbe

Serverer 4

15 ml / 1 spsk jordnøddeolie (peanut).
2 skiver ingefærrod, hakket
4 forårsløg (spidskål), hakket
3 fed hvidløg, hakket
1 rød chili finthakket
350 g krabbekød, i flager
2,5 ml / ½ teskefuld fiskepasta
2,5 ml / ½ teskefuld sesamolie
15 ml / 1 spsk risvin eller tør sherry
5 ml / 1 tsk majsmel (majsstivelse)
15 ml / 1 spsk vand

Varm olien op og steg ingefær, forårsløg, hvidløg og chili i 2 minutter. Tilsæt krabbekødet og rør til det er godt dækket af krydderierne. Tilsæt fiskepastaen. Bland de øvrige ingredienser til en pasta, hæld derefter i gryden og steg i 1 minut. Server straks.

Krabbe Lo Mein

Serverer 4

100 g bønnespirer

30 ml / 2 spsk jordnøddeolie (peanut).

5 ml / 1 tsk salt

1 løg, skåret i skiver

100 g champignon i skiver

225 g krabbekød, i flager

100 g bambusskud, skåret i skiver

Hævet pasta

30 ml / 2 spsk sojasovs

5 ml / 1 tsk sukker

5 ml / 1 tsk sesamolie

salt og friskkværnet peber

Blancher bønnespirerne i kogende vand i 5 minutter, og sigt derefter. Varm olien op og svits salt og løg til det er blødt. Tilsæt svampene og svits indtil de er bløde. Tilsæt krabbekødet og steg i 2 minutter. Tilsæt bønnespirer og bambusskud og steg i 1 minut. Tilsæt den afdryppede dej til gryden og bland forsigtigt. Bland sojasovs, sukker og sesamolie, smag til med salt og peber. Rør til det er varmt i gryden.

Stegt krabbe med svinekød

Serverer 4

30 ml / 2 spsk jordnøddeolie (peanut).
100 g hakket svinekød (hakket).
350 g krabbekød, i flager
2 skiver ingefærrod, hakket
2 æg, let pisket
15 ml / 1 spsk sojasovs
15 ml / 1 spsk risvin eller tør sherry
30 ml / 2 spsk vand
salt og friskkværnet peber
4 forårsløg (spidskål), skåret i strimler

Varm olien op og steg flæsket let. Tilsæt krabbekød og ingefær og steg i 1 minut. Bland æggene. Tilsæt sojasovsen, vin eller sherry, vand, salt og peber og steg i ca. 4 minutter. Server pyntet med purløg.

Dampet krabbekød

Serverer 4

30 ml / 2 spsk jordnøddeolie (peanut).
450 g krabbekød, i flager
2 forårsløg (spidskål), hakket
2 skiver ingefærrod, hakket
30 ml / 2 spsk sojasovs
30 ml / 2 spsk risvin eller tør sherry
2,5 ml / ¬Ω teskefuld salt
15 ml / 1 spsk majsmel (majsstivelse)
60 ml / 4 spiseskefulde vand

Varm olien op og steg krabbekød, forårsløg og ingefær heri i 1 minut. Tilsæt sojasovsen, vin eller sherry og salt, læg låg på og lad det simre i 3 minutter. Bland majsmel og vand i, indtil det danner en pasta, rør i gryden og fortsæt med at røre, indtil saucen er klar og tyknet.

Stegte blækspruttefrikadeller

Serverer 4

450 g blæksprutte

50 g knust svinefedt

1 æggehvide

2,5 ml / ¬Ω teskefuld sukker

2,5 ml / ¬Ω teskefuld majsmel (majsstivelse)

salt og friskkværnet peber

vi steger olie

Rens blæksprutten og kværn eller reducer den til en pasta. Bland med fedtstof, æggehvide, sukker og majsstivelse, og smag til med salt og peber. Tryk blandingen til kugler. Varm olien op og steg eventuelt blæksprutkuglerne i omgange, indtil de flyder i olien og bliver gyldenbrune. Dræn godt af og server straks.

Kantonesisk hummer

Serverer 4

2 hummere

30 ml / 2 spsk olie

15 ml / 1 spsk sort bønnesauce

1 fed hvidløg, knust

1 finthakket løg

225 g hakket svinekød (hakket).

45 ml / 3 spsk sojasovs

5 ml / 1 tsk sukker

salt og friskkværnet peber

15 ml / 1 spsk majsmel (majsstivelse)

75 ml / 5 spiseskefulde vand

1 sammenpisket æg

Smuldr hummeren, fjern kødet og skær i 1-tommers terninger. Varm olien op og svits den sorte bønnesauce, hvidløg og løg til de er gyldenbrune. Tilsæt svinekødet og steg det gyldenbrunt. Tilsæt sojasovs, sukker, salt, peber og hummer, læg låg på og lad det simre i cirka 10 minutter. Bland majsmel og vand, indtil det bliver en pasta, bland det i gryden og lad det simre under omrøring, indtil saucen bliver klar og tykner. Inden servering slukkes for varmen og ægget tilsættes.

stegt hummer

Serverer 4

450 g hummerkød

30 ml / 2 spsk sojasovs

5 ml / 1 tsk sukker

1 sammenpisket æg

30 ml / 3 spiseskefulde mel (til alle formål).

vi steger olie

Skær hummerkødet i 1-tommers tern og smag til med sojasauce og sukker. Lad stå i 15 minutter, filtrer derefter. Pisk æg og mel, tilsæt derefter hummer og bland det godt. Varm olien op og steg hummeren gyldenbrun. Afdryp på køkkenpapir inden servering.

Dampet hummer med skinke

Serverer 4

4 æg, let pisket

60 ml / 4 spiseskefulde vand

5 ml / 1 tsk salt

15 ml / 1 spsk sojasovs

450 g hummerkød, i flager

15 ml / 1 spsk hakket røget skinke

15 ml / 1 spsk hakket frisk persille

Pisk æggene med vand, salt og sojasovs. Hæld i en non-stick skål og drys med hummerkød. Stil skålen på en rist i en dampkoger, dæk til og damp i 20 minutter, indtil ægget stivner. Server pyntet med skinke og persille.

Hummer med svampe

Serverer 4

450 g hummerkød

15 ml / 1 spsk majsmel (majsstivelse)

60 ml / 4 spiseskefulde vand

30 ml / 2 spsk jordnøddeolie (peanut).

4 forårsløg (spidskål), skåret i tykke skiver

100 g champignon i skiver

2,5 ml / ¬Ω teskefuld salt

1 fed hvidløg, knust

30 ml / 2 spsk sojasovs

15 ml / 1 spsk risvin eller tør sherry

Skær hummerkødet i 2,5 cm tern. Bland majsmel og vand, indtil det danner en pasta, og tilsæt derefter hummerterningerne til blandingen for at overtrække. Varm halvdelen af olien op og steg hummerterningerne let brune, tag dem af panden. Varm den resterende olie op og svits forårsløget til det er gyldenbrunt. Tilsæt svampene og steg i 3 minutter. Tilsæt salt, hvidløg, sojasovs og vin eller sherry og lad det simre i 2 minutter. Kom hummeren tilbage i gryden og svits den til den er varm.

Hummerhale med svinekød

Serverer 4

3 tørrede kinesiske svampe

4 hummerhaler

60 ml / 4 spiseskefulde jordnøddeolie (peanut).

100 g hakket svinekød (hakket).

50 g vandkastanjer, hakket

salt og friskkværnet peber

2 fed hvidløg, hakket

45 ml / 3 spsk sojasovs

30 ml / 2 spsk risvin eller tør sherry

30 ml / 2 spsk sort bønnesauce

10 ml / 2 spsk majsmel (majsstivelse)

120 ml / 4 fl oz / ¬Ω kop vand

Blødgør svampene i varmt vand i 30 minutter, og filtrer derefter. Fjern stilkene og klip hætterne af. Skær hummerhalen i halve på langs. Fjern kødet fra hummerhalerne og behold skallerne. Varm halvdelen af olien op og steg flæsket til det er lysebrunt. Når du er taget af varmen, tilsættes svampe, hummerkød, vandkastanjer, salt og peber. Luk kødet i hummerskallen og læg det på en bageplade. Læg dem på en rist i en dampkoger, læg låg på og lad det simre i cirka 20 minutter, indtil de er møre. Opvarm imens den resterende olie og svits hvidløg, sojasauce, vin/sherry og sorte bønnesauce i 2 minutter. Bland majsmel og vand, indtil du får en dej, bland det i en gryde og lad det simre under omrøring, indtil saucen tykner. Anret hummeren i et varmt fad, hæld saucen over og server straks.

stegt hummer

Serverer 4

450 g / 1 lb hummerhale

30 ml / 2 spsk jordnøddeolie (peanut).

1 fed hvidløg, knust

2,5 ml / ¬Ω teskefuld salt

350 g bønnespirer

50 g champignoner

4 forårsløg (spidskål), skåret i tykke skiver

150 ml / ¬° pt / generøs ¬Ω kop kyllingesuppe

15 ml / 1 spsk majsmel (majsstivelse)

Kog vandet i en gryde, tilsæt hummerhalen og kog i 1 minut. Dræn, afkøl, fjern skindet og skær i tykke skiver. Varm olien op med hvidløg og salt og steg til hvidløget er let gyldenbrunt. Tilsæt hummer og steg i 1 minut. Tilsæt bønnespirer og svampe og sauter i 1 minut. Tilsæt forårsløgene. Tilsæt det meste af bouillonen, bring det i kog, læg låg på og lad det simre i 3 minutter. Bland majsstivelsen med den resterende bouillon, hæld den i gryden og lad det simre under omrøring, indtil saucen bliver klar og tykner.

hummerreder

Serverer 4

30 ml / 2 spsk jordnøddeolie (peanut).

5 ml / 1 tsk salt

1 rødløg, skåret i tynde skiver

100 g champignon i skiver

100 g bambusskud, skåret i skiver 225 g kogt hummerkød

15 ml / 1 spsk risvin eller tør sherry

120 ml / 4 fl oz / ¬Ω kop kyllingebouillon

knivspids friskkværnet peber

10 ml / 2 tsk majsmel (majsstivelse)

15 ml / 1 spsk vand

4 kurve pasta

Varm olien op og svits salt og løg til det er blødt. Tilsæt champignon og bambusskud og svits i 2 minutter. Tilsæt hummerkød, vin eller sherry og bouillon, bring det i kog, læg låg på og lad det simre i 2 minutter. Smag til med peber. Bland majsmel og vand, indtil det bliver en pasta, bland det i gryden og lad det simre under omrøring, indtil saucen tykner. Anret pastareden på en varm tallerken og pynt med den ristede hummer.

Muslinger i sort bønnesauce

Serverer 4

45 ml / 3 spiseskefulde jordnøddeolie (peanut).

2 fed hvidløg, hakket

2 skiver ingefærrod, hakket

30 ml / 2 spsk sort bønnesauce

15 ml / 1 spsk sojasovs

1,5 kg muslinger, vasket og udvundet
2 forårsløg (spidskål), hakket

Varm olien op og steg hvidløg og ingefær i 30 sekunder. Tilsæt den sorte bønnesauce og sojasovsen og steg i 10 sekunder. Tilsæt muslinger, læg låg på og kog i ca. 6 minutter, indtil muslingerne åbner sig. Kassér dem, der forbliver lukkede. Læg på en varm tallerken og server drysset med purløg.

Muslinger med ingefær

Serverer 4

45 ml / 3 spiseskefulde jordnøddeolie (peanut).
2 fed hvidløg, hakket
4 skiver ingefærrod, hakket
1,5 kg muslinger, vasket og udvundet
45 ml / 3 spsk vand
15 ml / 1 spsk østerssauce

Varm olien op og steg hvidløg og ingefær i 30 sekunder. Tilsæt muslinger og vand, læg låg på og kog i ca. 6 minutter, indtil muslingerne åbner sig. Kassér dem, der forbliver lukkede. Læg på en varm tallerken og server overhældt med østerssauce.

Dampede muslinger

Serverer 4

1,5 kg muslinger, vasket og udvundet

45 ml / 3 spsk sojasovs

3 forårsløg (spidskål), finthakket

Læg muslingerne på en rist i en dampkoger, dæk til og damp dem i kogende vand i cirka 10 minutter, indtil alle muslingerne har åbnet sig. Kassér dem, der forbliver lukkede. Læg på en varm tallerken og drys med sojasovs og spidskål og server.

stegte østers

Serverer 4

24 østers uden skal

salt og friskkværnet peber

1 sammenpisket æg

50 g / 2 oz / ¬Ω kop universalmel.

250 ml / 8 fl oz / 1 kop vand

vi steger olie

4 forårsløg (spidskål), hakket

Drys østersen med salt og peber. Bland ægget med mel og vand til det er skummende og beklæd østersene med det. Varm olien op og steg østersene til de er gyldenbrune. Afdryp på køkkenpapir og server pyntet med forårsløg.

Østers med bacon

Serverer 4

175 g bacon

24 østers uden skal

1 æg, let pisket

15 ml / 1 spsk vand

45 ml / 3 spiseskefulde jordnøddeolie (peanut).

2 løg, hakket

15 ml / 1 spsk majsmel (majsstivelse)

15 ml / 1 spsk sojasovs

90 ml / 6 spsk hønsebouillon

Skær baconen i stykker og vikl et stykke om hver østers. Pisk ægget med vandet, og dyp derefter i østersen for at dække det.

Varm halvdelen af olien op og steg østersene gyldenbrune på begge sider, tag derefter af panden og dræn fedtet. Varm den resterende olie op og steg løget, indtil det er blødt. Bland majsstivelse, sojasovs og bouillon til en pasta, hæld i en gryde og lad det simre under omrøring, indtil saucen bliver klar og tykner. Hæld østersene over og server med det samme.

Stegte østers med ingefær

Serverer 4

24 østers uden skal

2 skiver ingefærrod, hakket

30 ml / 2 spsk sojasovs

15 ml / 1 spsk risvin eller tør sherry

4 forårsløg (spidskål), skåret i strimler

100 g bacon

1 æg

50 g / 2 oz / ¬Ω kop universalmel.

salt og friskkværnet peber

vi steger olie

1 citron skåret i skiver

Læg østersene i en skål med ingefær, sojasovs og vin eller sherry og vend godt rundt. Lad det stå i 30 minutter. Læg et par strimler forårsløg oven på hver østers. Skær baconen i stykker og vikl et stykke om hver østers. Pisk æg og mel til et skum, smag til med salt og peber. Dyp østersene i dejen, indtil de er godt dækket. Varm olien op og steg østersene til de er gyldenbrune. Serveres pyntet med citronskiver.

Østers med sorte bønnesauce

Serverer 4

350 g østers uden skal
120 ml / 4 fl oz / ¬Ω kop jordnøddeolie (peanut).
2 fed hvidløg, hakket
3 forårsløg (spidskål), skåret i skiver
15 ml / 1 spsk sort bønnesauce
30 ml / 2 spsk mørk sojasovs
15 ml / 1 spsk sesamolie
en knivspids chilipulver

Blancher østersene i kogende vand i 30 sekunder, og dræn derefter. Varm olien op og steg hvidløg og forårsløg i 30 sekunder. Tilsæt sorte bønnesauce, sojasauce, sesamolie og østers og smag til med chilipulver. Kog varmt og server med det samme.

Kammuslinger med bambusskud

Serverer 4

60 ml / 4 spiseskefulde jordnøddeolie (peanut).

6 forårsløg (spidskål), hakket

225 g champignon i kvarte

15 ml / 1 spsk sukker

450 g pillede kammuslinger

2 skiver ingefærrod, hakket

225 g bambusskud, skåret i skiver

salt og friskkværnet peber

300 ml / ¬Ω pt / 1 ¬ ° kop vand

30 ml / 2 spsk vineddike

30 ml / 2 spsk majsmel (majsstivelse)

150 ml / ¬° pt / generøs ¬Ω kop vand

45 ml / 3 spsk sojasovs

Varm olien op og steg forårsløg og champignon i 2 minutter.
Tilsæt sukker, muslinger, ingefær, bambusskud, salt og peber,
læg låg på og kog i 5 minutter. Tilsæt vand og vineddike, bring
det i kog, læg låg på og lad det simre i 5 minutter. Bland majsmel
og vand, indtil det bliver en pasta, bland det i gryden og lad det
simre under omrøring, indtil saucen tykner. Dryp med sojasovs
og server.

Kammuslinger med æg

Serverer 4

45 ml / 3 spiseskefulde jordnøddeolie (peanut).

350 g pillede kammuslinger

25 g hakket røget skinke

30 ml / 2 spsk risvin eller tør sherry

5 ml / 1 tsk sukker

2,5 ml / ¬Ω teskefuld salt

knivspids friskkværnet peber

2 æg, let pisket

15 ml / 1 spsk sojasovs

Varm olien op og steg muslingerne i 30 sekunder. Tilsæt skinken
og steg i 1 minut. Tilsæt vin eller sherry, sukker, salt og peber og
svits i 1 minut. Tilsæt æggene og rør forsigtigt ved høj varme,

indtil ingredienserne er godt belagt med ægget. Server drysset med sojasovs.

Kammuslinger med broccoli

Serverer 4

350 g muslinger i skiver

3 skiver ingefærrod, hakket

¬Ω lille gulerod, skåret i skiver

1 fed hvidløg, knust

45 ml / 3 spiseskefulde mel (til alle formål).

2,5 ml / ¬Ω teskefuld bagepulver (bagepulver)

30 ml / 2 spsk jordnøddeolie (peanut).

15 ml / 1 spsk vand

1 banan, skåret i skiver

vi steger olie

275 g broccoli

Salt

5 ml / 1 tsk sesamolie

2,5 ml / ¬Ω teskefuld varm sauce

2,5 ml / ¬Ω teskefuld vineddike

2,5 ml / ¬Ω teskefuld tomatpasta √ © e (pasta)

Bland muslingerne med ingefær, gulerod og hvidløg og lad det stå. Bland mel, bagepulver, 15 ml/1 spsk olie og vand til en dej og belæg bananskiverne. Varm olien op og steg plantainen til den er gyldenbrun, dræn den derefter og læg den rundt om en varm pande. Kog imens broccolien i saltet vand, indtil den er blød, og dræn den derefter. Varm den resterende olie op med sesamolien og steg broccolien kort, og anret den derefter rundt om pladen med plantains. Kom chilisauce, vineddike og tomatpure på panden og lad kammuslingerne simre, indtil de er gennemstegte. Hæld på et fad og server med det samme.

Kammuslinger med ingefær

Serverer 4

45 ml / 3 spiseskefulde jordnøddeolie (peanut).
2,5 ml / ¬Ω teskefuld salt
3 skiver ingefærrod, hakket
2 forårsløg (spidskål), skåret i tykke skiver
450 g kammuslinger med skal, skåret i halve
15 ml / 1 spsk majsmel (majsstivelse)
60 ml / 4 spiseskefulde vand

Varm olien op og steg salt og ingefær i 30 sekunder. Tilsæt purløg og steg til det er gyldenbrunt. Tilsæt kammuslingerne og steg i 3 minutter. Bland majsmel og vand til en pasta, tilsæt det til gryden og kog til det er tykt under omrøring ved langsom varme. Server straks.

muslinger med skinke

Serverer 4

450 g kammuslinger med skal, skåret i halve

250 ml / 8 fl oz / 1 kop risvin eller tør sherry

1 løg, finthakket

2 skiver ingefærrod, hakket

2,5 ml / ¬Ω teskefuld salt

100 g hakket røget skinke

Læg kammuslingerne i en skål og tilsæt vin eller sherry. Dæk til og mariner i 30 minutter, vend af og til, dræn derefter kammuslingerne og kassér marinaden. Læg kammuslingerne med de øvrige ingredienser i et ovnfast fad. Stil gryden på en damprist, dæk til og damp i varmt vand i cirka 6 minutter, indtil kammuslingerne er møre.

Røræg med kammuslinger og krydderurter

Serverer 4

225 g pillede kammuslinger

30 ml / 2 spsk hakket frisk koriander

4 sammenpisket æg

15 ml / 1 spsk risvin eller tør sherry

salt og friskkværnet peber

15 ml / 1 spsk jordnøddeolie (peanut).

Læg kammuslingerne i en dampkoger og damp dem i cirka 3 minutter, til de er gennemstegte, afhængig af størrelsen. Fjern fra dampkogeren og drys med koriander. Pisk æggene sammen med vinen eller sherryen og smag til med salt og peber. Tilsæt muslinger og koriander. Varm olien op og steg æggekammelblandingen under konstant omrøring, indtil ægget stivner. Server straks.

Ristede muslinger og løg

Serverer 4

45 ml / 3 spiseskefulde jordnøddeolie (peanut).
1 løg, skåret i skiver
450 g kammuslinger med skal i kvarte
salt og friskkværnet peber
15 ml / 1 spsk risvin eller tør sherry

Varm olien op og steg løget til det er blødt. Tilsæt kammuslingerne og steg dem gyldenbrune. Smag til med salt og peber, afglasér med vin eller sherry, og server med det samme.

Kammuslinger med grøntsager

4,Äi6 portioner

4 tørrede kinesiske svampe

2 løg

30 ml / 2 spsk jordnøddeolie (peanut).

3 stilke selleri, skåret diagonalt

225 g grønne bønner, skåret diagonalt

10 ml / 2 tsk revet ingefærrod

1 fed hvidløg, knust

20 ml / 4 teskefulde majsmel (majsstivelse)

250 ml / 8 fl oz / 1 kop kyllingebouillon

30 ml / 2 spsk risvin eller tør sherry

30 ml / 2 spsk sojasovs

450 g kammuslinger med skal i kvarte

6 forårsløg (spidskål), skåret i skiver

425 g / 15 oz majskolber på dåse

Blødgør svampene i varmt vand i 30 minutter, og filtrer derefter. Fjern stilkene og skær toppen af. Skær løget i ringe, adskil lagene. Varm olien op og steg løg, selleri, bønner, ingefær og hvidløg i 3 minutter. Bland majsstivelsen med lidt bouillon og tilsæt den resterende bouillon, vin eller sherry og sojasovs. Tilsæt til wokken og bring i kog under omrøring. Tilsæt svampe, kammuslinger, spidskål og majs og svits i cirka 5 minutter, indtil kammuslingerne er møre.

Kammuslinger med paprika

Serverer 4

30 ml / 2 spsk jordnøddeolie (peanut).

3 forårsløg (spidskål), hakket

1 fed hvidløg, knust

2 skiver ingefærrod, hakket

2 røde peberfrugter i tern

450 g pillede kammuslinger

30 ml / 2 spsk risvin eller tør sherry

15 ml / 1 spsk sojasovs

15 ml / 1 spsk gul bønnesauce

5 ml / 1 tsk sukker

5 ml / 1 tsk sesamolie

Varm olien op og steg forårsløg, hvidløg og ingefær i 30 sekunder. Tilsæt paprika og steg i 1 minut. Tilsæt kammuslingerne og sauter i 30 sekunder, tilsæt derefter resten af ingredienserne og kog i cirka 3 minutter, indtil kammuslingerne er møre.

Blæksprutte med bønnespirer

Serverer 4

450 g blæksprutte

30 ml / 2 spsk jordnøddeolie (peanut).

15 ml / 1 spsk risvin eller tør sherry

100 g bønnespirer

15 ml / 1 spsk sojasovs

Salt

1 rød chili finthakket

2 skiver ingefærrod, hakket

2 forårsløg (spidskål), hakket

Fjern hoved, indvolde og hinde fra blæksprutten og skær i store stykker. Klip et mønster henover hvert stykke. Kog vandet i en gryde, tilsæt blæksprutten og kog over svag varme, indtil stykkerne ruller sammen, sigt derefter og afdryp. Varm halvdelen af olien op og steg hurtigt blæksprutten. Afglasér med vin eller sherry. Opvarm imens den resterende olie og damp bønnespirerne til de er bløde. Smag til med sojasovs og salt. Anret chili, ingefær og forårsløg rundt om en tallerken. Læg bønnespirerne i midten og blæksprutten ovenpå. Server straks.

stegt blæksprutte

Serverer 4

50 g almindeligt mel (alle formål).

25 g / 1 oz / ¬ kop majsmel (majsstivelse)

2,5 ml / ¬Ω teskefuld bagepulver

2,5 ml / ¬Ω teskefuld salt

1 æg

75 ml / 5 spiseskefulde vand

15 ml / 1 spsk jordnøddeolie (peanut).

450 g blæksprutte, skåret i ringe

vi steger olie

Bland mel, majsstivelse, bagepulver, salt, æg, vand og olie til en dej. Dyp blæksprutten i dejen, indtil den er godt dækket. Varm olien op og steg blæksprutten lidt efter lidt, indtil den er gyldenbrun. Afdryp på køkkenpapir inden servering.

Blækspruttepakker

Serverer 4

8 tørrede kinesiske svampe

450 g blæksprutte

100 g røget skinke

100 g tofu

1 sammenpisket æg

15 ml / 1 spiseskefuld mel (til alle formål).

2,5 ml / ¬Ω teskefuld sukker

2,5 ml / ¬Ω teskefuld sesamolie

salt og friskkværnet peber

8 wonton skind

vi steger olie

Blødgør svampene i varmt vand i 30 minutter, og filtrer derefter. Kassér stilkene. Rens blæksprutten og skær den i 8 dele. Skær skinken og tofuen i 8 dele. Kom dem alle i en skål. Bland æggene med mel, sukker, sesamolie, salt og peber. Hæld ingredienserne i beholderen og bland forsigtigt. Placer en champignon og et stykke blæksprutte, skinke og tofu direkte under midten af hver wonton-skal. Fold det nederste hjørne tilbage, fold ind i siden, rul derefter op, fugt kanterne med vand for at forsegle. Varm olien op og steg frikadellerne i cirka 8 minutter, indtil de er gyldenbrune. Dræn godt af inden servering.

Stegt calamari ruller

Serverer 4

45 ml / 3 spiseskefulde jordnøddeolie (peanut).
225 g blækspruttteringe

1 stor grøn peberfrugt i tern

100 g bambusskud, skåret i skiver

2 forårsløg (spidskål), finthakket

1 skive ingefærrod, finthakket

45 ml / 2 spsk sojasovs

30 ml / 2 spsk risvin eller tør sherry

15 ml / 1 spsk majsmel (majsstivelse)

15 ml / 1 spsk fiskefond eller vand

5 ml / 1 tsk sukker

5 ml / 1 tsk vineddike

5 ml / 1 tsk sesamolie

salt og friskkværnet peber

Varm 15 ml / 1 spsk olie op og steg hurtigt blæksprutten godt. Varm imens den resterende olie op i en separat pande og steg peberfrugt, bambusskud, forårsløg og ingefær heri i 2 minutter. Tilsæt blæksprutten og lad det simre i 1 minut. Bland sojasovsen, vin eller sherry, majsstivelse, bouillon, sukker, vineddike og sesamolie og smag til med salt og peber. Svits indtil saucen er klar og tyknet.

stegt blæksprutte

Serverer 4

45 ml / 3 spiseskefulde jordnøddeolie (peanut).
3 forårsløg (spidskål), skåret i tykke skiver
2 skiver ingefærrod, hakket
450 g blæksprutte skåret i stykker
15 ml / 1 spsk sojasovs
15 ml / 1 spsk risvin eller tør sherry
5 ml / 1 tsk majsmel (majsstivelse)
15 ml / 1 spsk vand

Varm olien op og svits forårsløg og ingefær til det er blødt. Tilsæt blæksprutten og steg, indtil den er dækket af olie. Tilsæt sojasovsen og vin eller sherry, læg låg på og lad det simre i 2 minutter. Bland majsmel og vand, indtil du får en pasta, tilsæt det til gryden og kog ved svag varme under omrøring, indtil saucen tykner og blæksprutten er mør.

Blæksprutte med tørrede svampe

Serverer 4

50 g tørrede kinesiske svampe
450 g / 1 lb blæksprutteringe
45 ml / 3 spiseskefulde jordnøddeolie (peanut).

45 ml / 3 spsk sojasovs
2 forårsløg (spidskål), finthakket
1 skive ingefærrod, hakket
225 g bambusskud, skåret i strimler
30 ml / 2 spsk majsmel (majsstivelse)
150 ml / ¬° pt / god ¬Ω kop fiskesuppe

Blødgør svampene i varmt vand i 30 minutter, og filtrer derefter. Fjern stilkene og skær toppen af. Blancher blæksprutten i kogende vand i et par sekunder. Varm olien op, tilsæt derefter svampe, sojasovs, forårsløg og ingefær og steg i 2 minutter. Tilsæt blæksprutte og bambusskud og sauter i 2 minutter. Kombiner majsstivelse og bouillon og rør i gryden. Lad det simre ved svag varme under omrøring, indtil saucen bliver klar og tykner.

Blæksprutte med grøntsager

Serverer 4

45 ml / 3 spiseskefulde jordnøddeolie (peanut).
1 løg, skåret i skiver
5 ml / 1 tsk salt

450 g blæksprutte skåret i stykker

100 g bambusskud, skåret i skiver

2 stilke selleri, skåret diagonalt

60 ml / 4 spsk hønsebouillon

5 ml / 1 tsk sukker

100 g sneærter (ærter)

5 ml / 1 tsk majsmel (majsstivelse)

15 ml / 1 spsk vand

Varm olien op og svits løg og salt til de er gyldenbrune. Tilsæt blæksprutten og steg, indtil den er dækket af olie. Tilsæt bambusskud og selleri og sauter i 3 minutter. Tilsæt bouillon og sukker, bring det i kog, læg låg på og lad det simre i 3 minutter, indtil grøntsagerne er bløde. Tilsæt den varme sauce. Bland majsmel og vand, indtil det bliver en pasta, bland det i gryden og lad det simre under omrøring, indtil saucen tykner.

Oksegryderet med anis

Serverer 4

30 ml / 2 spsk jordnøddeolie (peanut).

450 g / 1 lb oksebøf

1 fed hvidløg, knust

45 ml / 3 spsk sojasovs

15 ml / 1 spsk vand

15 ml / 1 spsk risvin eller tør sherry

5 ml / 1 tsk salt

5 ml / 1 tsk sukker

2 nelliker stjerneanis

Varm olien op og steg kødet gyldenbrunt på alle sider. Tilsæt resten af ingredienserne, bring det i kog, læg låg på og lad det simre i cirka 45 minutter, vend derefter kødet og tilsæt lidt mere vand og sojasovs, hvis kødet er tørt. Kog i yderligere 45 minutter til kødet er mørt. Kassér stjerneanisen inden servering.

Kalvekød med asparges

Serverer 4

450 g kalvehaleben i tern

30 ml / 2 spsk sojasovs

30 ml / 2 spsk risvin eller tør sherry

45 ml / 3 spsk majsmel (majsstivelse)

45 ml / 3 spiseskefulde jordnøddeolie (peanut).

5 ml / 1 tsk salt

1 fed hvidløg, knust

350 g aspargesspidser

120 ml / 4 fl oz / ¬Ω kop kyllingebouillon

15 ml / 1 spsk sojasovs

Læg bøffen i en skål. Bland sojasovsen, vin eller sherry og 30 ml / 2 spsk majsstivelse, hæld over bøffen og bland godt. Lad det marinere i 30 minutter. Varm olien op med salt og hvidløg og steg til hvidløget er let brunet. Tilsæt kødet og marinaden og lad det simre i 4 minutter. Tilsæt aspargesene og steg på en pande i 2 minutter. Tilsæt bouillon og sojasovs, bring det i kog og kog under omrøring i 3 minutter, indtil kødet er mørt. Bland den resterende majsstivelse med lidt vand eller bouillon og tilsæt saucen. Lad det simre et par minutter under omrøring, indtil saucen lysner og tykner.

Oksekød med bambusskud

Serverer 4

45 ml / 3 spiseskefulde jordnøddeolie (peanut).

1 fed hvidløg, knust

1 forårsløg (løg), finthakket

1 skive ingefærrod, hakket

225 g magert oksekød skåret i strimler

100 g bambusskud

45 ml / 3 spsk sojasovs

15 ml / 1 spsk risvin eller tør sherry

5 ml / 1 tsk majsmel (majsstivelse)

Varm olien op og svits hvidløg, forårsløg og ingefær gyldenbrune. Tilsæt kødet og steg i 4 minutter, indtil det er brunet. Tilsæt bambusskuddene og steg i 3 minutter. Tilsæt sojasovsen, vin eller sherry og majsstivelse og lad det simre i 4 minutter.

Oksekød med bambusskud og svampe

Serverer 4

225 g magert oksekød

45 ml / 3 spiseskefulde jordnøddeolie (peanut).

1 skive ingefærrod, hakket

100 g bambusskud, skåret i skiver

100 g champignon i skiver

45 ml / 3 spsk risvin eller tør sherry

5 ml / 1 tsk sukker

10 ml / 2 tsk sojasovs

salt peber

120 ml / 4 fl oz / ¬Ω kop oksebouillon

15 ml / 1 spsk majsmel (majsstivelse)

30 ml / 2 spsk vand

Skær kødet i tynde skiver i forhold til kornet. Varm olien op og steg ingefæren i et par sekunder. Tilsæt kødet og steg til det er brunt. Tilsæt bambusskud og champignon og sauter i 1 minut. Tilsæt vin eller sherry, sukker og sojasovs, og smag til med salt og peber. Tilsæt bouillon, bring det i kog, læg låg på og lad det simre i 3 minutter. Bland majsstivelse og vand, hæld i en gryde og lad det simre under omrøring, indtil saucen tykner.

Kinesisk braiseret oksekød

Serverer 4

45 ml / 3 spiseskefulde jordnøddeolie (peanut).

900 g oksebøf

1 forårsløg (spidskål), skåret i skiver

1 fed hvidløg, hakket

1 skive ingefærrod, hakket

60 ml / 4 spsk sojasovs

30 ml / 2 spsk risvin eller tør sherry

5 ml / 1 tsk sukker

5 ml / 1 tsk salt

en knivspids peber

750 ml / 1° pts / 3 kopper kogende vand

Varm olien op og steg hurtigt kødet på alle sider. Tilsæt forårsløg, hvidløg, ingefær, sojasovs, vin eller sherry, sukker, salt og peber. Bring i kog under omrøring. Tilsæt det kogende vand, bring det i kog igen under omrøring, læg låg på og lad det simre i ca. 2 timer, indtil kødet er mørt.

Oksekød med bønnespirer

Serverer 4

450 g magert oksekød, skåret i skiver

1 æggehvide

30 ml / 2 spsk jordnøddeolie (peanut).

15 ml / 1 spsk majsmel (majsstivelse)

15 ml / 1 spsk sojasovs

100 g bønnespirer

25 g/1 oz surkål, hakket

1 rød chili finthakket

2 forårsløg (spidskål), hakket

2 skiver ingefærrod, hakket

Salt

5 ml / 1 tsk østerssauce

5 ml / 1 tsk sesamolie

Bland kødet med æggehviden, halvdelen af olien, majsstivelse og sojasovs, og lad det derefter hvile i 30 minutter. Blancher bønnespirerne i kogende vand i cirka 8 minutter, indtil de er næsten bløde, og dræn derefter. Varm den resterende olie op og steg kødet let, og tag det derefter af panden. Tilsæt kål, chili, ingefær, salt, østerssauce og sesamolie og sauter i 2 minutter. Tilsæt bønnespirerne og lad det simre i 2 minutter. Kom kødet tilbage i gryden og svits det godt blandet og gennemvarmet. Server straks.

Oksekød med broccoli

Serverer 4

1 lb/450 g oksehaleben, skåret i tynde skiver

30 ml / 2 spsk majsmel (majsstivelse)

15 ml / 1 spsk risvin eller tør sherry
15 ml / 1 spsk sojasovs
30 ml / 2 spsk jordnøddeolie (peanut).
5 ml / 1 tsk salt
1 fed hvidløg, knust
225 g / 8 oz broccolibuketter
150 ml / ¬° pt / generøs ¬Ω kop oksebouillon

Læg bøffen i en skål. Bland 15 ml / 1 spsk majsstivelse med vinen eller sherryen og sojasovsen, tilsæt kødet og mariner i 30 minutter. Varm olien op med salt og hvidløg og steg til hvidløget er let brunet. Tilsæt bøf og marinade og lad det simre i 4 minutter. Tilsæt broccolien og steg i 3 minutter. Tilsæt bouillon, bring det i kog, læg låg på og lad det simre i 5 minutter, indtil broccolien er mør, men stadig sprød. Bland den resterende majsstivelse med lidt vand og tilsæt saucen. Lad det simre ved svag varme under omrøring, indtil saucen bliver klar og tykner.

Sesam oksekød med broccoli

Serverer 4

150 g magert oksekød, skåret i tynde skiver

2,5 ml / ½ tsk østerssauce

5 ml / 1 tsk majsmel (majsstivelse)

5 ml / 1 tsk hvidvinseddike

60 ml / 4 spiseskefulde jordnøddeolie (peanut).

100 g broccolibuketter

5 ml / 1 tsk fiskesauce

2,5 ml / ½ teskefuld sojasovs

250 ml / 8 fl oz / 1 kop oksebouillon

30 ml / 2 spsk sesamfrø

Mariner kødet med østerssaucen, 2,5 ml / ½ tsk majsstivelse, 2,5 ml / ½ tsk vineddike og 15 ml / 1 spsk olie i 1 time.

Opvarm imens 15 ml / 1 spsk olie, tilsæt broccoli, 2,5 ml / ½ tsk fiskesauce, sojasauce og den resterende vineddike, og hæld let kogende vand over. Kog ved lav varme i cirka 10 minutter, indtil de er møre.

Opvarm 30 ml / 2 spsk olie i en separat gryde og steg kødet i kort tid, indtil det er brunet. Tilsæt bouillon, resterende majsstivelse og fiskesauce, bring det i kog, læg låg på og lad det simre i cirka 10 minutter, indtil kødet er mørt. Dræn broccolien og læg den på en varm tallerken. Smør toppen med kød og drys rigeligt med sesamfrø.

Grillet kød

Serverer 4

450 g mager bøf, skåret i skiver

60 ml / 4 spsk sojasovs

2 fed hvidløg, hakket

5 ml / 1 tsk salt

2,5 ml / ¬Ω tsk friskkværnet peber

10 ml / 2 teskefulde sukker

Bland alle ingredienserne og lad det stå i 3 timer. På en varm grill, ca.

Kantonesisk kød

Serverer 4

30 ml / 2 spsk majsmel (majsstivelse)
Pisk 2 æggehvider til stive toppe
450 g bøf, skåret i strimler
vi steger olie
4 stænger selleri, skåret i skiver
2 løg, skåret i skiver
60 ml / 4 spiseskefulde vand
20 ml / 4 teskefulde salt
75 ml / 5 spiseskefulde sojasovs
60 ml / 4 spsk risvin eller tør sherry
30 ml / 2 spsk sukker
friskkværnet peber

Bland halvdelen af majsstivelsen med æggehviden. Tilsæt bøffen og vend rundt for at beklæde kødet med blandingen. Varm olien op og steg bøffen til den er gyldenbrun. Tag af panden og afdryp på køkkenpapir. Varm 15 ml / 1 spsk olie og svits selleri og løg i 3 minutter. Tilsæt kød, vand, salt, sojasovs, vin eller sherry og sukker, og smag til med peber. Bring det i kog og lad det simre under omrøring, indtil saucen tykner.

Oksekød med gulerødder

Serverer 4

30 ml / 2 spsk jordnøddeolie (peanut).

450 g magert oksekød, skåret i tern

2 forårsløg (spidskål), skåret i skiver

2 fed hvidløg, hakket

1 skive ingefærrod, hakket

250 ml / 8 fl oz / 1 kop sojasovs

30 ml / 2 spsk risvin eller tør sherry

30 ml / 2 spsk brun farin

5 ml / 1 tsk salt

600 ml / 1 pt / 2 ¬Ω kop vand

4 gulerødder, skåret diagonalt

Varm olien op og steg kødet gyldenbrunt. Dræn den overskydende olie, tilsæt spidskål, hvidløg, ingefær og anis og lad det simre i 2 minutter. Tilsæt sojasovs, vin eller sherry, sukker og salt og bland godt. Tilsæt vand, bring det i kog, læg låg på og lad det simre i 1 time. Tilsæt gulerødderne, læg låg på og kog i yderligere 30 minutter. Tag låget af og lad det simre til saucen er væk.

Oksekød med cashewnødder

Serverer 4

60 ml / 4 spiseskefulde jordnøddeolie (peanut).
1 lb/450 g oksehaleben, skåret i tynde skiver
8 forårsløg (spidskål), i tern
2 fed hvidløg, hakket
1 skive ingefærrod, hakket
75 g / 3 oz / ¬æ kop ristede cashewnødder
120 ml / 4 fl oz / ¬Ω kop vand
20 ml / 4 teskefulde majsmel (majsstivelse)
20 ml / 4 teskefulde sojasovs
5 ml / 1 tsk sesamolie
5 ml / 1 tsk østerssauce
5 ml / 1 tsk varm sauce

Varm halvdelen af olien op og steg kødet gyldenbrunt. Fjern fra panden. Varm den resterende olie op og steg forårsløg, hvidløg, ingefær og cashewnødder heri i 1 minut. Kom kødet tilbage i gryden. Bland resten af ingredienserne og hæld blandingen i gryden. Bring det i kog og lad det simre under omrøring, indtil blandingen tykner.

Oksekød slow cooker

Serverer 4

30 ml / 2 spsk jordnøddeolie (peanut).

450 g oksekødgryde i tern

3 skiver ingefærrod, hakket

3 gulerødder, skåret i skiver

1 majroe, skåret i tern

15 ml / 1 spsk udstenede sorte dadler

15 ml / 1 spiseskefuld lotusfrø

30 ml / 2 spsk tomatpure √ © e (pasta)

10 ml / 2 spsk salt

900 ml / 1¬Ω pt / 3¬æ kop oksebouillon

250 ml / 8 fl oz / 1 kop risvin eller tør sherry

Varm olien op i en stor stegepande eller ovnfast pande og steg kødet til det er brunet på alle sider.

Oksekød med blomkål

Serverer 4

225 g blomkålsbuketter
vi steger olie
225 g oksekød skåret i strimler
50 g bambusskud skåret i strimler
10 vandkastanjer skåret i strimler
120 ml / 4 fl oz / ¬Ω kop kyllingebouillon
15 ml / 1 spsk sojasovs
15 ml / 1 spsk østerssauce
15 ml / 1 spsk tomatpure √ © e (pasta)
15 ml / 1 spsk majsmel (majsstivelse)
2,5 ml / ¬Ω teskefuld sesamolie

Blancher blomkålen i kogende vand i 2 minutter, og dræn derefter. Varm olien op og steg blomkålen gyldenbrun. Afdryp på køkkenpapir og afdryp. Varm olien op og steg kødet, indtil det er let brunt, filtrer derefter og dræn. Hæld alt undtagen 15 ml/1 spsk olie i og svits bambusskud og vandkastanjer i 2 minutter. Tilsæt resten af ingredienserne, bring det i kog og lad det simre under omrøring, indtil saucen tykner. Kom kød og blomkål tilbage i gryden og varm forsigtigt op. Server straks.

Kalvekød med selleri

Serverer 4

100 g selleri, skåret i strimler
45 ml / 3 spiseskefulde jordnøddeolie (peanut).
2 forårsløg (spidskål), hakket
1 skive ingefærrod, hakket
225 g magert oksekød skåret i strimler
30 ml / 2 spsk sojasovs
30 ml / 2 spsk risvin eller tør sherry
2,5 ml / ¬Ω teskefuld sukker
2,5 ml / ¬Ω teskefuld salt

Blancher sellerien i kogende vand i 1 minut, og dræn derefter godt af. Varm olien op og svits forårsløg og ingefær gyldenbrune. Tilsæt kødet og steg i 4 minutter. Tilsæt selleri og svits i 2 minutter. Tilsæt sojasovs, vin eller sherry, sukker og salt og lad det simre i 3 minutter.

Roastbeef skiver med selleri

Serverer 4

30 ml / 2 spsk jordnøddeolie (peanut).

450 g magert oksekød, skåret i flager

3 stilke selleri, hakket

1 finthakket løg

1 forårsløg (spidskål), skåret i skiver

1 skive ingefærrod, hakket

30 ml / 2 spsk sojasovs

15 ml / 1 spsk risvin eller tør sherry

2,5 ml / ¬Ω teskefuld sukker

2,5 ml / ¬Ω teskefuld salt

10 ml / 2 tsk majsmel (majsstivelse)

30 ml / 2 spsk vand

Varm halvdelen af olien meget varm og steg kødet i 1 minut, indtil det er gyldenbrunt. Fjern fra panden. Varm den resterende olie op og damp selleri, løg, forårsløg og ingefær let. Kom kødet tilbage i gryden med sojasovs, vin eller sherry, sukker og salt, bring det i kog og lad det simre til genopvarmning. Kombiner majsstivelse og vand, rør i gryden og lad det simre, indtil saucen tykner. Server straks.

Skåret oksekød med kylling og selleri

Serverer 4

4 tørrede kinesiske svampe

45 ml / 3 spiseskefulde jordnøddeolie (peanut).

2 fed hvidløg, hakket

1 ingefærrod, skåret i skiver og malet

5 ml / 1 tsk salt

100 g magert oksekød skåret i strimler

100 g kylling skåret i strimler

2 gulerødder, skåret i strimler

2 stilke selleri, skåret i strimler

4 forårsløg (spidskål), skåret i strimler

5 ml / 1 tsk sukker

5 ml / 1 tsk sojasovs

5 ml / 1 tsk risvin eller tør sherry

45 ml / 3 spsk vand

5 ml / 1 tsk majsmel (majsstivelse)

Blødgør svampene i varmt vand i 30 minutter, og filtrer derefter. Fjern stilkene og klip hætterne af. Varm olien op og svits hvidløg, ingefær og salt til de er gyldenbrune. Tilsæt oksekød og kylling og steg, indtil de begynder at blive brune. Tilsæt selleri, forårsløg, sukker, sojasovs, vin eller sherry og vand og bring det i kog. Læg låg på og lad det simre i cirka 15 minutter, indtil kødet er mørt. Bland majsstivelsen med lidt vand, tilsæt det til saucen og lad det simre under omrøring, indtil saucen tykner.

Kød med chili

Serverer 4

450 g oksemørbrad skåret i strimler

45 ml / 3 spsk sojasovs

15 ml / 1 spsk risvin eller tør sherry

15 ml / 1 spsk brun farin

15 ml / 1 spsk finthakket ingefærrod

30 ml / 2 spsk jordnøddeolie (peanut).

50 g bambusskud, skåret i tændstik

1 løg, skåret i strimler

1 stangselleri, skåret i tændstikker

2 røde chilier, kernet og skåret i strimler

120 ml / 4 fl oz / ¬Ω kop kyllingebouillon

15 ml / 1 spsk majsmel (majsstivelse)

Læg bøffen i en skål. Kombiner sojasovsen, vin eller sherry, sukker og ingefær og kombiner med bøffen. Lad marinere i 1 time. Fjern bøffen fra marinaden. Varm halvdelen af olien op og steg bambusskud, løg, selleri og chili i 3 minutter, og tag derefter af panden. Varm den resterende olie op og steg bøffen i 3 minutter. Bland marinaden, bring det i kog og tilsæt de ristede grøntsager. Kog under omrøring i 2 minutter. Bland bouillon og majsstivelse sammen og tilsæt til gryden. Bring det i kog og lad det simre under omrøring, indtil saucen bliver klar og tykner.

Oksekød kinakål

Serverer 4

225 g magert oksekød

30 ml / 2 spsk jordnøddeolie (peanut).

350 g bok choy, revet

120 ml / 4 fl oz / ¬Ω kop oksebouillon

salt og friskkværnet peber

10 ml / 2 tsk majsmel (majsstivelse)

30 ml / 2 spsk vand

Skær kødet i tynde skiver i forhold til kornet. Varm olien op og steg kødet gyldenbrunt. Tilsæt bok choyen og sauter indtil den er let blød. Tilsæt suppen, bring det i kog, smag til med salt og peber. Læg låg på og lad det simre i 4 minutter, indtil kødet er mørt. Bland majsstivelse og vand, hæld i en gryde og lad det simre under omrøring, indtil saucen tykner.

Kalvekød Chop Suey

Serverer 4

3 stænger selleri, skåret i skiver

100 g bønnespirer

100 g broccolibuketter

60 ml / 4 spiseskefulde jordnøddeolie (peanut).

3 forårsløg (spidskål), hakket

2 fed hvidløg, hakket

1 skive ingefærrod, hakket

225 g magert oksekød skåret i strimler

45 ml / 3 spsk sojasovs

15 ml / 1 spsk risvin eller tør sherry

5 ml / 1 tsk salt

2,5 ml / ¬Ω teskefuld sukker

friskkværnet peber

15 ml / 1 spsk majsmel (majsstivelse)

Blancher selleri, bønnespirer og broccoli i kogende vand i 2 minutter, dræn derefter og tør. Varm 45 ml / 3 spsk olie op og svits forårsløg, hvidløg og ingefær gyldne. Tilsæt kødet og steg i 4 minutter. Fjern fra panden. Varm den resterende olie op og steg grøntsagerne i 3 minutter. Tilsæt kød, sojasovs, vin eller sherry, salt, sukker og en knivspids peber og lad det simre i 2 minutter. Bland majsstivelsen med lidt vand, hæld det i gryden og lad det simre under omrøring, indtil saucen bliver klar og tykner.

oksekød med agurk

Serverer 4

1 lb/450 g oksehaleben, skåret i tynde skiver

45 ml / 3 spsk sojasovs

30 ml / 2 spsk majsmel (majsstivelse)

60 ml / 4 spiseskefulde jordnøddeolie (peanut).

2 agurker, skrællet, udkernet og skåret i skiver

60 ml / 4 spsk hønsebouillon

30 ml / 2 spsk risvin eller tør sherry

salt og friskkværnet peber

Læg bøffen i en skål. Bland sojasovsen og majsstivelsen sammen og vend sammen med bøffen. Lad det marinere i 30 minutter. Varm halvdelen af olien op, og svits agurken, indtil den er uigennemsigtig i 3 minutter, og tag den derefter ud af gryden. Varm den resterende olie op og steg bøffen, indtil den er gyldenbrun. Tilsæt agurken og svits i 2 minutter. Tilsæt bouillon, vin eller sherry og smag til med salt og peber. Bring det i kog, læg låg på og lad det simre i 3 minutter.

kød chow mein

Serverer 4

Mørbradfilet 750 g / 1 ¬Ω lb

2 løg

45 ml / 3 spsk sojasovs

45 ml / 3 spsk risvin eller tør sherry

15 ml / 1 spsk jordnøddesmør

5 ml / 1 tsk citronsaft

350 g ægspasta

60 ml / 4 spiseskefulde jordnøddeolie (peanut).

175 ml / 6 fl oz / ¬æ kop kyllingesuppe

15 ml / 1 spsk majsmel (majsstivelse)

30 ml / 2 spsk østerssauce

4 forårsløg (spidskål), hakket

3 stænger selleri, skåret i skiver

100 g champignon i skiver

1 grøn peberfrugt, skåret i strimler

100 g bønnespirer

Trim og trim fedtet fra kødet. Skær parmesanen på kryds og tværs i tynde skiver. Skær løget i ringe, adskil lagene. Bland 15 ml / 1 spsk sojasauce med 15 ml / 1 spsk vin eller sherry, jordnøddesmør og citronsaft. Tilsæt kødet, læg låg på og lad hvile i 1 time. Kog pastaen i kogende vand i cirka 5 minutter eller indtil den er mør. Dræn godt af. Opvarm 15 ml / 1 spsk olie, tilsæt 15 ml / 1 spsk sojasovs og pastaen og steg i 2 minutter, indtil den er gyldenbrun. Læg på en varm tallerken.

Bland den resterende sojasovs og vin eller sherry med bouillon, majsstivelse og østerssauce. Varm 15 ml / 1 spsk olie og steg løget i 1 minut. Tilsæt selleri, champignon, peber og bønnespirer og sauter i 2 minutter. Fjern fra wokken. Varm den resterende olie op og steg kødet, indtil det er brunt. Tilsæt bouillon, bring det i kog, læg låg på og lad det simre i 3 minutter. Kom grøntsagerne tilbage i wokken og steg dem i cirka 4 minutter, indtil de er varme. Hæld blandingen over pastaen og server.

agurkebøf

Serverer 4

450 g mørbradfilet

10 ml / 2 tsk majsmel (majsstivelse)

10 ml / 2 teskefulde salt

2,5 ml / ¬Ω tsk friskkværnet peber

90 ml / 6 spiseskefulde jordnøddeolie (peanut).

1 løg, finthakket

1 agurk, skrællet og skåret i skiver

120 ml / 4 fl oz / ¬Ω kop oksebouillon

Skær bøffen i strimler og derefter i tynde skiver mod kornet. Kom i en skål og tilsæt majsstivelse, salt, peber og halvdelen af olien. Lad det marinere i 30 minutter. Varm den resterende olie op og steg kødet og løget gyldenbrunt. Tilsæt agurk og bouillon, bring det i kog, læg låg på og lad det simre i 5 minutter.

Roastbeef karry

Serverer 4

45 ml / 3 spsk smør

15 ml / 1 spsk karrypulver

45 ml / 3 spiseskefulde mel (til alle formål).

375 ml / 13 fl oz / 1¬Ω kop mælk

15 ml / 1 spsk sojasovs

salt og friskkværnet peber

450 g kogt hakket kød

100 g ærter

2 gulerødder, finthakkede

2 løg, hakket

225 g kogte langkornede ris, varme

1 hårdkogt æg (kogt), skåret i skiver

Smelt smørret, tilsæt karry og mel og kog i 1 minut. Tilsæt mælk og sojasovs, bring det i kog og lad det simre i 2 minutter under omrøring. Smag til med salt og peber. Tilsæt oksekød, ærter, gulerødder og løg og bland godt, så det dækkes med saucen. Tilsæt risene, overfør derefter blandingen til en bakke og bag i en forvarmet ovn ved 200 ∞ C / 400 ∞ F / gasmærke 6 i 20 minutter, indtil grøntsagerne er møre. Serveres pyntet med skiver hårdkogt æg.

syltet abalone

Serverer 4

450 g / 1 lb dåse abalone

45 ml / 3 spsk sojasovs

30 ml / 2 spsk vineddike

5 ml / 1 tsk sukker

et par dråber sesamolie

Dræn abalonen og skær den i tynde skiver eller strimler. Bland de øvrige ingredienser, hæld over abalonen og bland godt. Dæk til og stil på køl i 1 time.

Dampet bambusskud

Serverer 4

60 ml / 4 spiseskefulde jordnøddeolie (peanut).
225 g bambusskud, skåret i strimler
60 ml / 4 spsk hønsebouillon
15 ml / 1 spsk sojasovs
5 ml / 1 tsk sukker
5 ml / 1 tsk risvin eller tør sherry

Varm olien op og steg bambusskuddene i 3 minutter. Bland bouillon, sojasovs, sukker og vin eller sherry og hæld i gryden. Dæk til og kog ved svag varme i 20 minutter. Lad den køle af og afkøle inden servering.

Agurk kylling

Serverer 4

1 agurk, skrællet og udkernet
225 g kogt kylling skåret i små stykker
5 ml / 1 tsk sennepspulver
2,5 ml / ¬Ω teskefuld salt
30 ml / 2 spsk vineddike

Skær agurken i strimler og læg den på en tallerken. Anret kyllingen ovenpå. Bland sennep, salt og vineddike og hæld over kyllingen lige inden servering.

Sesam kylling

Serverer 4

350 g kogt kylling

120 ml / 4 fl oz / ½ kop vand

5 ml / 1 tsk sennepspulver

15 ml / 1 spsk sesamfrø

2,5 ml / ½ teskefuld salt

en knivspids sukker

45 ml / 3 spsk hakket frisk koriander

5 forårsløg (spidskål), hakket

½ salathoved, revet

Skær kyllingen i tynde strimler. Bland nok vand med sennep til at lave en jævn pasta og tilsæt det til kyllingen. Rist sesamfrøene på en tør pande, til de er let gyldne, og tilsæt dem derefter til kyllingen og drys med salt og sukker. Tilsæt halvdelen af persillen og forårsløget og bland godt. Anret salaten på serveringsfadet, pynt med kyllingeblanding og pynt med den resterende persille.

Litchi med ingefær

Serverer 4

1 stor vandmelon skåret i halve og frøet
450 g / 1 lb dåse litchi, drænet
5 cm / 2 stilke ingefær, skåret i skiver
nogle mynteblade

Fyld halvdelen af melonen med litchi og ingefær, pynt med et mynteblad. Afkøl før servering.

Røde kogte kyllingevinger

Serverer 4

8 kyllingevinger
2 forårsløg (spidskål), hakket
75 ml / 5 spiseskefulde sojasovs
120 ml / 4 fl oz / ¬Ω kop vand
30 ml / 2 spsk brun farin

Skær og kassér den benede ende af kyllingevingen og halver den. Kom det i en gryde med de øvrige ingredienser, bring det i kog, læg låg på og kog ved svag varme i 30 minutter. Tag låget af og lad det simre i yderligere 15 minutter, mens du drypper jævnligt. Lad den køle af inden servering, og stil den derefter på køl.

Krabbekød med agurk

Serverer 4

100 g krabbekød, i flager
2 agurker, skrællet og hakket
1 skive ingefærrod, hakket
15 ml / 1 spsk sojasovs
30 ml / 2 spsk vineddike
5 ml / 1 tsk sukker
et par dråber sesamolie

Læg krabbekød og agurk i en skål. Bland de øvrige ingredienser, hæld krabbekødblandingen over og bland godt. Dæk til og stil på køl i 30 minutter før servering.

syltede svampe

Serverer 4

225 g svampe

30 ml / 2 spsk sojasovs

15 ml / 1 spsk risvin eller tør sherry

knivspids salt

et par dråber Tabasco

et par dråber sesamolie

Blancher svampene i kogende vand i 2 minutter, filtrer derefter og tør. Kom det i en skål og hæld resten af ingredienserne på det. Bland godt og lad afkøle inden servering.

Marinerede hvidløgssvampe

Serverer 4

225 g svampe
3 fed hvidløg, hakket
30 ml / 2 spsk sojasovs
30 ml / 2 spsk risvin eller tør sherry
15 ml / 1 spsk sesamolie
knivspids salt

Kom svampe og hvidløg i et dørslag, hæld kogende vand på og lad det stå i 3 minutter. Dræn og tør godt. Bland de øvrige ingredienser, hæld marinaden over svampene og mariner i 1 time.

Rejer og blomkål

Serverer 4

225 g blomkålsbuketter
100 g pillede rejer
15 ml / 1 spsk sojasovs
5 ml / 1 tsk sesamolie

Kog blomkålen hver for sig i cirka 5 minutter, til den er blød, men stadig sprød. Bland med rejerne, drys med sojasovs og sesamolie, og bland derefter. Afkøl før servering.

Skinkestave med sesam

Serverer 4

225 g skinke, skåret i strimler
10 ml / 2 tsk sojasovs
2,5 ml / ¬Ω teskefuld sesamolie

Anret skinken i et serveringsfad. Bland sojasovsen og sesamolie, drys skinken ovenpå og server.

kold tofu

Serverer 4

450 g tofu, skåret i skiver
45 ml / 3 spsk sojasovs
45 ml / 3 spiseskefulde jordnøddeolie (peanut).
friskkværnet peber

Læg tofuen, et par skiver, i et dørslag og dyp i kogende vand i 40 sekunder, dræn derefter og læg den på en tallerken. Lad afkøle. Bland sojasovsen og olien, drys tofuen ovenpå og server drysset med peber.

Kylling med bacon

Serverer 4

225 g kylling i meget tynde skiver

75 ml / 5 spiseskefulde sojasovs

15 ml / 1 spsk risvin eller tør sherry

1 fed hvidløg, knust

15 ml / 1 spsk brun farin

5 ml / 1 tsk salt

5 ml / 1 tsk malet ingefærrod

225 g magert bacon, skåret i tern

100 g vandkastanjer i meget tynde skiver

30 ml / 2 spsk honning

Læg kyllingen i en skål. Bland 45 ml / 3 spsk sojasovs med vin eller sherry, hvidløg, sukker, salt og ingefær, hæld over kyllingen og mariner i ca. i 3 timer. Sæt kylling, bacon og kastanjer på kebabspydet. Bland den resterende sojasovs med honningen og pensl spyddene. Grill (grill) under en varm grill i ca. 10 minutter, indtil de er gennemstegte, vend ofte og drys med mere glasur under tilberedningen.

Kylling og banan fritter

Serverer 4

2 kogte kyllingebryst
2 hårde bananer
6 skiver brød
4 æg
120 ml / 4 fl oz / ¬Ω kop mælk
50 g / 2 oz / ¬Ω kop universalmel.
225 g / 8 oz / 4 kopper friske brødkrummer
vi steger olie

Skær kyllingen i 24 stykker. Skræl bananen og skær den i kvarte på langs. Skær hver fjerdedel i tredjedele for at lave 24 stykker. Skær skorpen af brødet og skær i kvarte. Pisk æg og mælk og mal den ene side af brødet. Læg et stykke kylling og et stykke banan på den ægbelagte side af hvert stykke brød. Mel firkanterne let mel, rul dem derefter i ægget og beklæd dem med rasp. Gå gennem ægget og rasperne igen. Varm olien op og steg i et par firkanter, indtil de er gyldenbrune. Afdryp på køkkenpapir inden servering.

Kylling med ingefær og svampe

Serverer 4

225 g kyllingebrystfilet

5 ml / 1 tsk fem-krydderi pulver

15 ml / 1 spiseskefuld mel (til alle formål).

120 ml / 4 fl oz / ¬Ω kop jordnøddeolie (peanut).

4 skalotteløg skåret i halve

1 fed hvidløg, skåret i skiver

1 skive ingefærrod, hakket

25 g / 1 oz / ¬° kop cashewnødder

5 ml / 1 tsk honning

15 ml / 1 spsk rismel

75 ml / 5 spsk risvin eller tør sherry

100 g champignon i kvarte

2,5 ml / ¬Ω teskefuld gurkemeje

6 gule chili skåret i halve

5 ml / 1 tsk sojasovs

¬¬ citronsaft

salt peber

4 sprøde salatblade

Skær kyllingebrystet med parmesan diagonalt i tynde strimler. Drys med five-spice pulver og dæk tyndt med mel. Varm 15 ml/1 spsk olie op og steg kyllingen, indtil den er gyldenbrun. Fjern fra panden. Varm lidt mere olie op og steg skalotteløg, hvidløg, ingefær og cashewnødder i 1 minut. Tilsæt honningen og rør, indtil grøntsagerne er dækket. Drys med mel, og tilsæt derefter vinen eller sherryen. Tilsæt svampe, gurkemeje og chili og kog i 1 minut. Tilsæt kyllingen, sojasovsen, halvdelen af citronsaften, salt og peber, og varm derefter op. Fjern fra panden og hold varm. Varm lidt mere olie op, tilsæt salatbladene og steg hurtigt, smag til med salt og peber og den resterende limesaft.

kylling og skinke

Serverer 4

225 g kylling i meget tynde skiver
75 ml / 5 spiseskefulde sojasovs
15 ml / 1 spsk risvin eller tør sherry
15 ml / 1 spsk brun farin
5 ml / 1 tsk malet ingefærrod
1 fed hvidløg, knust
225 g kogt skinke i tern
30 ml / 2 spsk honning

Læg kyllingen i en skål med 45 ml/3 spsk sojasovs, vin eller sherry, sukker, ingefær og hvidløg. Lad det marinere i 3 timer. Læg kyllingen og skinken på kebabspydet. Bland den resterende sojasovs med honningen og pensl spyddene. Grill (grill) under en varm grill i cirka 10 minutter, vend ofte og drys med glasur under tilberedningen.

Grillet kyllingelever

Serverer 4

450 g kyllingelever

45 ml / 3 spsk sojasovs

15 ml / 1 spsk risvin eller tør sherry

15 ml / 1 spsk brun farin

5 ml / 1 tsk salt

5 ml / 1 tsk malet ingefærrod

1 fed hvidløg, knust

Blancher kyllingeleveren i kogende vand i 2 minutter, og dræn derefter godt af. Kom i en skål med alle de øvrige ingredienser undtagen olien og mariner i cirka 3 timer. Sæt kyllingeleveren på kebabspydet og grill den under en varm grill i cirka 8 minutter, indtil den er gyldenbrun.

Krabbekugler med vandkastanjer

Serverer 4

450 g hakket krabbekød

100 g finthakkede vandkastanjer

1 fed hvidløg, knust

1 cm/¬Ω skåret ingefærrod, hakket

45 ml / 3 spsk majsmel (majsstivelse)

30 ml / 2 spsk sojasovs

15 ml / 1 spsk risvin eller tør sherry

5 ml / 1 tsk salt

5 ml / 1 tsk sukker

3 sammenpisket æg

vi steger olie

Bland alle ingredienserne undtagen olien og form kugler. Varm olien op og steg krabbekuglerne til de er gyldenbrune. Dræn godt af inden servering.

dim sum

Serverer 4

100 g pillede rejer, skåret i små stykker

225 g magert svinekød, finthakket

50 g bok choy, finthakket

3 forårsløg (spidskål), hakket

1 sammenpisket æg

30 ml / 2 spsk majsmel (majsstivelse)

10 ml / 2 tsk sojasovs

5 ml / 1 tsk sesamolie

5 ml / 1 tsk østerssauce

24 wonton skins

vi steger olie

Bland rejer, svinekød, kål og forårsløg. Bland æg, majsstivelse, sojasauce, sesamolie og østerssauce sammen. Drop en skefuld af blandingen i midten af hver wonton-skind. Pak fyldet forsigtigt rundt, fold kanterne ind, men lad toppen stå åben. Varm olien op og steg dim sum lidt efter lidt, indtil den er gyldenbrun. Dræn godt af og server varm.

Skinke og kyllingeruller

Serverer 4

2 kyllingebryst

1 fed hvidløg, knust

2,5 ml / ¬Ω teskefuld salt

2,5 ml / ¬Ω teskefuld fem-krydderi pulver

4 skiver kogt skinke

1 sammenpisket æg

30 ml / 2 spsk mælk

25 g / 1 oz / ¬° kop almindeligt mel (alle formål).

4 æggerulleskind

vi steger olie

Skær kyllingebrystene i halve. Slå dem meget tynde. Bland hvidløg, salt og fem-krydderi pulver og drys over kyllingen. Læg en skive skinke oven på hvert stykke kylling og rul det godt sammen. Bland æg og mælk. Mel kyllingestykkerne let, og dyp dem derefter i æggeblandingen. Læg hvert stykke på skindet af en æggerulle og pensl kanterne med sammenpisket æg. Fold siderne ind, rul derefter sammen, og klem kanterne sammen for at forsegle. Varm olien op og steg rullerne gyldenbrune i cirka 5 minutter.

gylden og kogt. Afdryp på køkkenpapir, og skær derefter tykke skiver diagonalt til servering.

Bagt skinke hvirvler

Serverer 4

350 g / 12 oz / 3 kopper mel (alle formål).

175 g / 6 oz / ¬œ kop smør

120 ml / 4 fl oz / ¬Ω kop vand

225 g hakket skinke

100 g hakkede bambusskud

2 forårsløg (spidskål), hakket

15 ml / 1 spsk sojasovs

30 ml / 2 spsk sesamfrø

Kom melet i en skål og tilsæt smørret. Bland med vand for at lave en pasta. Rul dejen ud og skær 5 cm/2 cm cirkler. Bland alle de øvrige ingredienser undtagen sesamfrøene og hæld dem rundt. Pensl kanterne af butterdejen med vand og forsegl. Pensl ydersiden med vand og drys med sesamfrø. Bages i en forvarmet ovn ved 180¬∞C / 350¬∞F / gasmærke 4 i 30 minutter.

pseudo røget fisk

Serverer 4

1 havbars
3 skiver ingefærrod, skåret i skiver
1 fed hvidløg, knust
1 forårsløg (spidskål), ofte skåret i skiver
75 ml / 5 spiseskefulde sojasovs
30 ml / 2 spsk risvin eller tør sherry
2,5 ml / ½ teskefuld stødt anis
2,5 ml / ½ teskefuld sesamolie
10 ml / 2 teskefulde sukker
120 ml / 4 fl oz / ½ kop bouillon
vi steger olie
5 ml / 1 tsk majsmel (majsstivelse)

Skræl fisken og skær den i 5 mm (¼ tomme) trådede skiver. Bland ingefær, hvidløg, forårsløg, 60 ml / 4 spsk sojasauce, sherry, anis og sesamolie. Hæld det over fisken og lad det dufte lækkert. Lad stå i 2 timer, rør af og til.

Dræn marinaden i en gryde og jævn fisken på køkkenpapir. Tilsæt sukker, bouillon og den resterende sojasovs.

mariner, bring det i kog og lad det simre i 1 minut. Hvis saucen skal tykne, så bland majsstivelsen med lidt koldt vand, tilsæt det til saucen og lad det simre under omrøring, indtil saucen tykner.

Varm imens olien op og steg fisken gyldenbrun. Dræn godt af. Dyp fiskestykkerne i marinaden og læg dem på en varm tallerken. Serveres varm eller kold.

dampede svampe

Serverer 4

12 store kapel tørrede svampe

225 g krabbekød

3 vandkastanjer, hakket

2 forårsløg (spidskål), finthakket

1 æggehvide

15 ml / 1 spsk majsmel (majsstivelse)

15 ml / 1 spsk sojasovs

15 ml / 1 spsk risvin eller tør sherry

Udblød svampene i varmt vand natten over. Tryk tør. Bland de øvrige ingredienser og fyld hætterne på svampene. Læg på en damprist og damp i 40 minutter. Serveres varm.

Svampe i østerssauce

Serverer 4

10 tørrede kinesiske svampe
250 ml / 8 fl oz / 1 kop oksebouillon
15 ml / 1 spsk majsmel (majsstivelse)
30 ml / 2 spsk østerssauce
5 ml / 1 tsk risvin eller tør sherry

Udblød svampene i varmt vand i 30 minutter, dræn derefter og reserver 250 ml / 8 fl oz / 1 kop af iblødsætningsvæsken. Kassér stilkene. Bland 60 ml / 4 spsk oksebouillon med majsstivelsen, indtil du får en pasta. Kog den resterende oksebouillon op med svampe og svampevæske, læg låg på og lad det simre i 20 minutter. Fjern svampene fra væsken med en hulske og læg dem på en varm tallerken. Tilsæt østerssaucen og sherryen i gryden og lad det simre under omrøring i 2 minutter. Tilsæt majsstivelsen og kog over svag varme under omrøring, indtil saucen tykner. Hæld svampene over og server med det samme.

Svinekød og salatrulle

Serverer 4

4 tørrede kinesiske svampe
15 ml / 1 spsk jordnøddeolie (peanut).
225 g magert svinekød, hakket
100 g hakkede bambusskud
100 g finthakkede vandkastanjer
4 forårsløg (spidskål), hakket
175 g krabbekød, i flager
30 ml / 2 spsk risvin eller tør sherry
15 ml / 1 spsk sojasovs
10 ml / 2 tsk østerssauce
10 ml / 2 tsk sesamolie
9 kinesiske bogstaver

Blødgør svampene i varmt vand i 30 minutter, og filtrer derefter. Fjern stilkene og klip hætterne af. Varm olien op og steg svinekødet i 5 minutter. Tilsæt svampe, bambusskud, vandkastanjer, forårsløg og krabbekød og steg i 2 minutter. Kombiner vin eller sherry, sojasovs, østerssauce og sesamolie og bland i gryden. Fjern fra varmen. Blancher imens de kinesiske blade i kogende vand i 1 minut.

kanal. Læg en spiseskefuld svinekødsblanding i midten af hvert ark, fold siderne ned og rul sammen til servering.

Svinekød og kastanjefrikadeller

Serverer 4

450 g hakket svinekød (hakket).
50 g svampe, finthakket
50 g vandkastanjer, hakket
1 fed hvidløg, knust
1 sammenpisket æg
30 ml / 2 spsk sojasovs
15 ml / 1 spsk risvin eller tør sherry
5 ml / 1 tsk malet ingefærrod
5 ml / 1 tsk sukker
Salt
30 ml / 2 spsk majsmel (majsstivelse)
vi steger olie

Bland alle ingredienserne undtagen majsstivelsen og form kugler af massen. Rul majsstivelsen sammen. Varm olien op og steg frikadellerne til de er gyldenbrune i cirka 10 minutter. Dræn godt af inden servering.

svineboller

4,Äi6 portioner

450g/1lb mel (alle formål).

500 ml / 17 fl oz / 2 kopper vand

450 g kogt hakket svinekød

225 g pillede rejer, skåret i små stykker

4 stilke selleri, hakket

15 ml / 1 spsk sojasovs

15 ml / 1 spsk risvin eller tør sherry

15 ml / 1 spsk sesamolie

5 ml / 1 tsk salt

2 forårsløg (spidskål), finthakket

2 fed hvidløg, hakket

1 skive ingefærrod, hakket

Bland mel og vand til dejen er blød og ælt godt. Dæk til og lad hvile i 10 minutter. Rul dejen så tyndt ud som muligt og skær den i 5 cm cirkler. Bland alle de øvrige ingredienser. Læg en spiseskefuld af blandingen i hver cirkel, fugt kanterne og luk den til en halvcirkel. Kog en gryde vand, og sænk derefter forsigtigt gnocchierne ned i vandet.

Svine- og oksekødboller

Serverer 4

100 g hakket svinekød (hakket).
100 g hakket oksekød (hakket).
1 skive revet bacon, hakket (revet)
15 ml / 1 spsk sojasovs
salt peber
1 sammenpisket æg
30 ml / 2 spsk majsmel (majsstivelse)
vi steger olie

Bland oksekød og bacon sammen og smag til med salt og peber. Bland med ægget, form kugler på størrelse med valnødde og drys med majsstivelse. Varm olien op og steg den gyldenbrun. Dræn godt af inden servering.

sommerfugle rejer

Serverer 4

450 g pillede store rejer

15 ml / 1 spsk sojasovs

5 ml / 1 tsk risvin eller tør sherry

5 ml / 1 tsk malet ingefærrod

2,5 ml / ¬Ω teskefuld salt

2 sammenpisket æg

30 ml / 2 spsk majsmel (majsstivelse)

15 ml / 1 spiseskefuld mel (til alle formål).

vi steger olie

Skær rejerne i midten af koteletten og rul den ud til en sommerfugleform. Rør sojasovsen, vin eller sherry, ingefær og salt i. Hæld rejerne over og mariner i 30 minutter. Fjern fra marinaden og tør. Pisk ægget med majsstivelse og mel til du får en dej, og dyp rejerne i dejen. Varm olien op og steg rejerne til de er gyldenbrune. Dræn godt af inden servering.

kinesiske rejer

Serverer 4

450 g afskallede rejer
30 ml / 2 spsk Worcestershire sauce
15 ml / 1 spsk sojasovs
15 ml / 1 spsk risvin eller tør sherry
15 ml / 1 spsk brun farin

Læg rejerne i en skål. Bland de øvrige ingredienser, hæld over rejerne og mariner i 30 minutter. Læg på en bageplade beklædt med bagepapir og bag i en forvarmet ovn ved 150°C / 300°F / gasmærke 2 i 25 minutter. Serveres varm eller kold med muslingerne til gæsternes smag.

drageskyer

Serverer 4

100 g rejekiks

vi steger olie

Opvarm olien til meget varm. Tilsæt en håndfuld rejekiks ad gangen og steg i et par sekunder, indtil de er hævede. Fjern fra olien og afdryp på køkkenpapir, mens kiksene bages.

sprøde rejer

Serverer 4

450 g pillet tigerkrabbe

15 ml / 1 spsk risvin eller tør sherry

10 ml / 2 tsk sojasovs

5 ml / 1 tsk fem-krydderi pulver

salt peber

90 ml / 6 spsk majsmel (majsstivelse)

2 sammenpisket æg

100 g rasp

jordnøddeolie til stegning

Bland rejerne med vin eller sherry, sojasovs og femkrydderipulver, og smag til med salt og peber. Rul dem i majsmel, derefter i det sammenpiskede æg og rasp. Steg i varm olie til de er gyldenbrune om et par minutter, dræn af og server med det samme.

Rejer med ingefærsauce

Serverer 4

15 ml / 1 spsk sojasovs

5 ml / 1 tsk risvin eller tør sherry

5 ml / 1 tsk sesamolie

450 g pillede rejer

30 ml / 2 spsk hakket frisk persille

15 ml / 1 spsk vineddike

5 ml / 1 tsk malet ingefærrod

Bland sojasovsen, vin eller sherry og sesamolie. Hæld rejerne over, dæk til og mariner i 30 minutter. Grill rejerne i et par minutter, indtil de er kogte, og drys derefter med marinade. Bland imens persille, vineddike og ingefær sammen med rejerne.

Rejer og pastaruller

Serverer 4

50 g ægspasta skåret i stykker
15 ml / 1 spsk jordnøddeolie (peanut).
50 g magert svinekød, finthakket
100 g finthakkede svampe
3 forårsløg (spidskål), hakket
100 g pillede rejer, skåret i små stykker
15 ml / 1 spsk risvin eller tør sherry
salt peber
24 wonton skins
1 sammenpisket æg
vi steger olie

Kog pastaen i kogende vand i 5 minutter, dræn den derefter og skær den i stykker. Varm olien op og steg svinekødet i 4 minutter. Tilsæt svampe og løg og steg i 2 minutter, tag derefter af varmen. Tilsæt rejer, vin eller sherry og pasta og smag til med salt og peber. Læg en skefuld blanding i midten af hvert wontonskind og pensl kanterne med sammenpisket æg. Fold kanterne ind, rul derefter indpakningspapiret sammen, forsegl kanterne. Varm olien op og steg rullerne et par ad gangen i cirka 5 minutter, indtil de er gyldenbrune. Afdryp på køkkenpapir inden servering.

rejetoast

Serverer 4

2 æg 450 g pillede rejer, skåret i små stykker

15 ml / 1 spsk majsmel (majsstivelse)

1 løg, finthakket

30 ml / 2 spsk sojasovs

15 ml / 1 spsk risvin eller tør sherry

5 ml / 1 tsk salt

5 ml / 1 tsk malet ingefærrod

8 skiver brød skåret i trekanter

vi steger olie

Bland 1 æg med resten af ingredienserne, undtagen brødet og olien. Hæld blandingen over brødtrekanterne og tryk kuplen ned. Mal med det resterende æg. Varm ca. 5 cm olie op og steg de trekantede brødterninger gyldenbrune. Dræn godt af inden servering.

Svinekød og rejer wonton med sød og sur sauce

Serverer 4

120 ml / 4 fl oz / ¬Ω kop vand

60 ml / 4 spiseskefulde vineddike

60 ml / 4 spsk brun farin

30 ml / 2 spsk tomatpure √ © e (pasta)

10 ml / 2 tsk majsmel (majsstivelse)

25 g finthakkede svampe

25 g pillede rejer, hakket

50 g magert hakket svinekød

2 forårsløg (spidskål), hakket

5 ml / 1 tsk sojasovs

2,5 ml / ¬Ω tsk revet ingefærrod

1 fed hvidløg, knust

24 wonton skins

vi steger olie

Bland vand, vineddike, sukker, tomatpure og majsstivelse i en gryde. Bring i kog, under konstant omrøring, og kog derefter ved svag varme i 1 minut. Fjern fra varmen og hold varm.

Bland svampe, rejer, svinekød, spidskål, sojasovs, ingefær og hvidløg. Hæld en spiseskefuld fyld i hvert skind, pensl kanterne med vand og tryk ned. Varm olien op og steg wontonsene en efter en, indtil de er gyldenbrune. Afdryp på køkkenpapir og server varm med sursød sauce.

Hønsekødssuppe

2 liter / 3½ point / 8½ kopper

1,5 kg kogte eller rå kyllingeben

450 g svineben

1 cm / ½ ingefærrod i stykker

3 forårsløg (spidskål), skåret i skiver

1 fed hvidløg, knust

5 ml / 1 tsk salt

2,25 liter / 4pt / 10 glas vand

Kog alle ingredienserne, læg låg på og lad det simre i 15 minutter. Fjern fedtet. Dæk til og kog ved svag varme i halvanden time. Filtrer, afkøl og skum. Frys i små portioner eller køl og brug inden for 2 dage.

Svinekød og bønnespiresuppe

Serverer 4

450 g hakket svinekød
1,5 l / 2½ pt / 6 kopper hønsebouillon
5 skiver ingefærrod
350 g bønnespirer
15 ml / 1 spsk salt

Blancher svinekødet i kogende vand i 10 minutter, og dræn derefter. Bring bouillonen i kog og tilsæt svinekød og ingefær. Dæk til og kog ved svag varme i 50 minutter. Tilsæt bønnespirer og salt og lad det simre i 20 minutter.

Abalone og svampesuppe

Serverer 4

60 ml / 4 spiseskefulde jordnøddeolie (peanut).

100 g magert svinekød skåret i strimler

225 g dåse abalone, skåret i strimler

100 g champignon i skiver

2 stænger selleri, skåret i skiver

50 g skinke, skåret i strimler

2 løg, skåret i skiver

1,5 l / 2½ pt / 6 kopper vand

30 ml / 2 spsk vineddike

45 ml / 3 spsk sojasovs

2 skiver ingefærrod, hakket

salt og friskkværnet peber

15 ml / 1 spsk majsmel (majsstivelse)

45 ml / 3 spsk vand

Varm olien op og steg svinekød, abalone, champignon, selleri, skinke og løg i 8 minutter. Tilsæt vand og vineddike, bring det i kog, læg låg på og lad det simre i 20 minutter. Tilsæt sojasovs, ingefær, salt og peber. Bland majsstivelsen i, indtil du får en pasta vand, hæld i suppen og lad det simre i 5 minutter under omrøring, indtil suppen bliver klar og tykner.

Kylling og asparges suppe

Serverer 4

100 g kylling, hakket

2 æggehvider

2,5 ml / ½ tsk salt

30 ml / 2 spsk majsmel (majsstivelse)

225 g asparges, skåret i 5 cm stykker

100 g bønnespirer

1,5 l / 2½ pt / 6 kopper hønsebouillon

100 g champignoner

Bland kyllingen med æggehvider, salt og majsstivelse og lad hvile i 30 minutter. Kog kyllingebrystet i kogende vand i 10 minutter, og dryp derefter godt af. Blancher aspargesene i kogende vand i 2 minutter, og dræn dem derefter. Blancher bønnespirerne i kogende vand i 3 minutter, og sigt derefter. Hæld bouillonen i en stor gryde og tilsæt kylling, asparges, champignon og bønnespirer. Kog op og smag til med salt. Lad det simre i et par minutter for at udvikle smagen, og indtil grøntsagerne er bløde, men stadig sprøde.

Oksekød suppe

Serverer 4

225 g hakket oksekød (skåret i små stykker).
15 ml / 1 spsk sojasovs
15 ml / 1 spsk risvin eller tør sherry
15 ml / 1 spsk majsmel (majsstivelse)
1,2 l / 2pt / 5 kopper kyllingesuppe
5 ml / 1 tsk chilibønnesauce
salt peber
2 sammenpisket æg
6 forårsløg (spidskål), hakket

Bland kødet med sojasovsen, vin eller sherry og majsstivelse. Tilsæt til bouillonen og bring det langsomt i kog under omrøring. Tilsæt den krydrede bønnesauce, salt og peber efter smag, læg låg på og lad det simre i ca. 10 minutter under omrøring af og til. Tilsæt æggene og server drysset med forårsløg.

Kinesisk oksekød og bladsuppe

Serverer 4

200 g magert oksekød skåret i strimler
15 ml / 1 spsk sojasovs
15 ml / 1 spsk jordnøddeolie (peanut).
1,5 l / 2½ pt / 6 kopper oksebouillon
5 ml / 1 tsk salt
2,5 ml / ½ tsk sukker
½ hoved kinesisk blad skåret i stykker

Bland kødet med sojasovs og olie og mariner det i 30 minutter under omrøring af og til. Bring bouillonen med salt og sukker i kog, tilsæt de kinesiske blade og lad det simre i cirka 10 minutter, indtil det er næsten kogt. Tilsæt kødet og lad det simre i yderligere 5 minutter.

Kålsuppe

Serverer 4

60 ml / 4 spiseskefulde jordnøddeolie (peanut).

2 løg, hakket

100 g magert svinekød skåret i strimler

225 g kinakål, revet

10 ml / 2 teskefulde sukker

1,2 l / 2pt / 5 kopper kyllingesuppe

45 ml / 3 spsk sojasovs

salt peber

15 ml / 1 spsk majsmel (majsstivelse)

Varm olien op og steg løg og svinekød gyldenbrunt. Tilsæt kål og sukker og steg i 5 minutter. Tilsæt bouillon og sojasovs og smag til med salt og peber. Bring det i kog, læg låg på og lad det simre i 20 minutter. Bland majsstivelsen med lidt vand, kom det i suppen og lad det simre til suppen tykner og bliver gennemsigtig.

Krydret oksekødsuppe

Serverer 4

45 ml / 3 spiseskefulde jordnøddeolie (peanut).

1 fed hvidløg, knust

5 ml / 1 tsk salt

225 g hakket oksekød (skåret i små stykker).

6 forårsløg (spidskål), skåret i strimler

1 rød peberfrugt skåret i strimler

1 grøn peberfrugt, skåret i strimler

225 g fintsnittet kål

1 l / 1¾pt / 4¼ kopper oksebouillon

30 ml / 2 spsk blommesauce

30 ml / 2 spsk hoisinsauce

45 ml / 3 spsk sojasovs

2 skiver ingefær, stilkefri, finthakket

2 æg

5 ml / 1 tsk sesamolie

225 g udblødt gennemsigtig pasta

Varm olien op og svits hvidløg og salt til de er gyldenbrune. Tilsæt kødet og steg hurtigt. Tilsæt grøntsagerne og lad det simre til det er gennemsigtigt. Tilsæt bouillon, blommesauce, hoisinsauce, 30 ml/2

en spiseskefuld sojasovs og ingefær, kog op og lad det simre i 10 minutter. Pisk æggene med sesamolie og den resterende sojasovs. Tilføj det til nudelsuppen og kog under omrøring, indtil ægget bliver trævlet og nudlerne er bløde.

himmelsk suppe

Serverer 4

2 forårsløg (spidskål), hakket
1 fed hvidløg, knust
30 ml / 2 spsk hakket frisk persille
5 ml / 1 tsk salt
15 ml / 1 spsk jordnøddeolie (peanut).
30 ml / 2 spsk sojasovs
1,5 l / 2½ pt / 6 kopper vand

Bland forårsløg, hvidløg, persille, salt, olie og sojasovs. Kog vandet op, hæld purløgsblandingen over og lad det stå i 3 minutter.

Kylling og bambusskudsuppe

Serverer 4

2 kyllingelår

30 ml / 2 spsk jordnøddeolie (peanut).

5 ml / 1 tsk risvin eller tør sherry

1,5 l / 2½ pt / 6 kopper hønsebouillon

3 forårsløg, skåret i skiver

100 g bambusskud skåret i stykker

5 ml / 1 tsk malet ingefærrod

Salt

Udben kyllingen og skær kødet i tern. Varm olien op og steg kyllingebrystet godt på alle sider. Tilsæt bouillon, spidskål, bambusskud og ingefær, bring det i kog og lad det simre i cirka 20 minutter, indtil kyllingen er mør. Smag til med salt inden servering.

Kylling og majssuppe

Serverer 4

1 l / 1¾ pt / 4¼ kopper kyllingebouillon
100 g kylling skåret i små stykker
200 g majscreme
skær skinken i skiver og skær den i små stykker
sammenpisket æg
15 ml / 1 spsk risvin eller tør sherry

Bring bouillon og kylling i kog, læg låg på og lad det simre i 15 minutter. Tilsæt sukkermajs og skinke, læg låg på og lad det simre i 5 minutter. Tilsæt æg og sherry, rør langsomt med en pind, så æggene danner snore. Fjern fra varmen, dæk til og lad hvile i 3 minutter før servering.

Kylling og ingefær suppe

Serverer 4

4 tørrede kinesiske svampe
1,5 l / 2½ pt / 6 kopper vand eller hønsebouillon
225 g kylling skåret i tern
10 skiver ingefærrod
5 ml / 1 tsk risvin eller tør sherry
Salt

Blødgør svampene i varmt vand i 30 minutter, og filtrer derefter. Kassér stilkene. Bring vandet eller bouillonen i kog sammen med resten af ingredienserne og lad det simre i cirka 20 minutter, indtil kyllingen er mør.

Kinesisk kyllingesuppe med svampe

Serverer 4

25 g tørrede kinesiske svampe
100 g kylling, hakket
50 g bambusskud, revet
30 ml / 2 spsk sojasovs
30 ml / 2 spsk risvin eller tør sherry
1,2 l / 2pt / 5 kopper kyllingesuppe

Blødgør svampene i varmt vand i 30 minutter, og filtrer derefter. Fjern stilkene og skær toppen af. Blancher svampe, kylling og bambusskud i kogende vand i 30 sekunder, og dræn derefter. Læg dem i en skål og bland sojasovsen og vin eller sherry i. Lad marinere i 1 time. Kog bouillonen op, tilsæt kyllingeblandingen og marinaden. Bland godt og lad det simre i et par minutter, indtil kyllingen er mør.

Kyllingesuppe og ris

Serverer 4

1 l / 1¾ pt / 4¼ kopper kyllingebouillon
225 g / 8 oz / 1 kop kogte langkornede ris
100 g kogt kylling skåret i strimler
1 løg, skåret i ringe
5 ml / 1 tsk sojasovs

Varm alle ingredienser op til de er varme uden at koge suppen.

Kylling og kokossuppe

Serverer 4

350 g kyllingebryst

Salt

10 ml / 2 tsk majsmel (majsstivelse)

30 ml / 2 spsk jordnøddeolie (peanut).

1 grøn chili, hakket

1 l / 1¾pt / 4¼ kopper kokosmælk

5 ml / 1 tsk citronskal

12 litchi

en knivspids revet muskatnød

salt og friskkværnet peber

2 citrongræsblade

Skær kyllingebrystet diagonalt fra parmesanosten i strimler. Drys med salt og dæk med majsstivelse. Opvarm 10 ml / 2 tsk olie i en wok, vend og hæld. Gentag en gang til. Varm den resterende olie op og steg kylling og chili i 1 minut. Tilsæt kokosmælken og bring det i kog. Tilsæt citronskal og kog ved svag varme i 5 minutter. Tilsæt litchien, smag til med muskatnød, salt og peber og server pyntet med citrongræs.

Muslingesuppe

Serverer 4

2 tørrede kinesiske svampe
12 muslinger, udblødt og skrubbet
1,5 l / 2½ pt / 6 kopper hønsebouillon
50 g bambusskud, revet
50 g sukkerærter skåret i halve
2 forårsløg (spidskål), skåret i ringe
15 ml / 1 spsk risvin eller tør sherry
knivspids friskkværnet peber

Blødgør svampene i varmt vand i 30 minutter, og filtrer derefter. Fjern stilkene og skær toppen i halve. Damp muslingerne i cirka 5 minutter, indtil de åbner sig; kasser dem, der forbliver lukkede. Fjern muslingerne fra deres skaller. Bring bouillonen i kog og tilsæt svampe, bambusskud, ærter og forårsløg. Kog uden låg i 2 minutter. Tilsæt muslinger, vin eller sherry, krydr med peber og lad det simre, indtil de er gennemvarme.

æggesuppe

Serverer 4

1,2 l / 2pt / 5 kopper kyllingesuppe

3 sammenpisket æg

45 ml / 3 spsk sojasovs

salt og friskkværnet peber

4 forårsløg (spidskål), skåret i skiver

Kog bouillonen op. Pisk de sammenpiskede æg lidt efter lidt, så de bliver trævlede. Tilsæt sojasovsen og salt og peber efter smag. Server pyntet med purløg.

Krabbe og muslingesuppe

Serverer 4

4 tørrede kinesiske svampe
15 ml / 1 spsk jordnøddeolie (peanut).
1 sammenpisket æg
1,5 l / 2½ pt / 6 kopper hønsebouillon
175 g krabbekød, i flager
100 g pillede kammuslinger, skåret i skiver
100 g bambusskud, skåret i skiver
2 forårsløg (spidskål), hakket
1 skive ingefærrod, hakket
nogle kogte og pillede rejer (valgfrit)
45 ml / 3 spsk majsmel (majsstivelse)
90 ml / 6 spiseskefulde vand
30 ml / 2 spsk risvin eller tør sherry
20 ml / 4 teskefulde sojasovs
2 æggehvider

Blødgør svampene i varmt vand i 30 minutter, og filtrer derefter. Fjern stilkene og skær toppen i tynde skiver. Varm olien op, tilsæt ægget og vip panden, så ægget dækker bunden. konstrueret sigt den, vend den og steg også den anden side. Tag ud af formen, rul sammen og skær i tynde strimler.

Bring bouillonen i kog, tilsæt svampe, æggestrimler, krabbekød, kammuslinger, bambusskud, spidskål, ingefær og rejer, hvis det bruges. Lad os koge det tilbage. Bland majsstivelsen med 60 ml / 4 spsk vand, vin eller sherry og sojasovs og bland i suppen. Kog ved svag varme under omrøring, indtil suppen tykner. Pisk æggehviderne med det resterende vand til et stift skum og hæld dem langsomt i suppen under kraftig omrøring.

krabbesuppe

Serverer 4

90 ml / 6 spiseskefulde jordnøddeolie (peanut).

3 løg, hakket

225 g hvidt og brunt krabbekød

1 skive ingefærrod, hakket

1,2 l / 2pt / 5 kopper kyllingesuppe

150 ml / ¼ pt / glas risvin eller tør sherry

45 ml / 3 spsk sojasovs

salt og friskkværnet peber

Varm olien op og steg løget, indtil det er blødt, men ikke brunt. Tilsæt krabbekød og ingefær og steg i 5 minutter. Tilsæt bouillon, vin eller sherry og sojasovs, smag til med salt og peber. Bring det i kog, og lad det derefter simre i 5 minutter.

Fiske suppe

Serverer 4

225 g fiskefilet

1 skive ingefærrod, hakket

15 ml / 1 spsk risvin eller tør sherry

30 ml / 2 spsk jordnøddeolie (peanut).

1,5 l / 2½ pt / 6 kopper fiskejuice

Skær fisken i tynde strimler i forhold til øjnene. Bland ingefær, vin eller sherry og olie, tilsæt fisken og bland forsigtigt. Lad marinere i 30 minutter under omrøring af og til. Kog bouillonen op, tilsæt fisken og lad det simre i 3 minutter.

Fisk og salatsuppe

Serverer 4

225 g hvid fiskefilet

30 ml / 2 spsk mel (til alle formål).

salt og friskkværnet peber

90 ml / 6 spiseskefulde jordnøddeolie (peanut).

6 forårsløg (spidskål), skåret i skiver

100 g hakket salat

1,2 l / 2pt / 5 kopper vand

10 ml / 2 tsk finthakket ingefærrod

150 ml / ¼ pt / ½ generøs kop risvin eller tør sherry

30 ml / 2 spsk majsmel (majsstivelse)

30 ml / 2 spsk hakket frisk persille

10 ml / 2 tsk citronsaft

30 ml / 2 spsk sojasovs

Skær fisken i tynde strimler, og sigt derefter krydret mel igennem. Varm olien op og steg forårsløget til det er blødt. Tilsæt salaten og lad det simre i 2 minutter. Tilsæt fisken og kog i 4 minutter. Tilsæt vand, ingefær og vin eller sherry, bring det i kog, læg låg på og lad det simre i 5 minutter. Bland majsstivelsen med lidt vand, og tilsæt det derefter til suppen. Lad det simre ved svag varme under omrøring i yderligere 4 minutter, indtil suppen stopper

skyl og smag til med salt og peber. Server drysset med persille, citronsaft og sojasovs.

Ingefærsuppe med frikadeller

Serverer 4

5 cm / 2 stykker ingefærrod, revet

350 g brun farin

1,5 l / 2½ pt / 7 kopper vand

225 g / 8 oz / 2 kopper rismel

2,5 ml / ½ tsk salt

60 ml / 4 spiseskefulde vand

Kom ingefær, sukker og vand i en gryde og rør rundt. Dæk til og kog i cirka 20 minutter. Dræn suppen og kom den tilbage i gryden.

Kom imens mel og salt i en skål, og bland det derefter lidt efter lidt med nok vand til at få en tyk dej. Form kugler og hæld gnocchierne i suppen. Bring suppen i kog, læg låg på og kog i yderligere 6 minutter, indtil gnocchierne er møre.

varm og sur suppe

Serverer 4

8 tørrede kinesiske svampe

1 l / 1¾ pt / 4¼ kopper kyllingebouillon

100 g kylling skåret i strimler

100 g bambusskud skåret i strimler

100 g tofu skåret i strimler

15 ml / 1 spsk sojasovs

30 ml / 2 spsk vineddike

30 ml / 2 spsk majsmel (majsstivelse)

2 sammenpisket æg

et par dråber sesamolie

Blødgør svampene i varmt vand i 30 minutter, og filtrer derefter. Fjern stilkene og skær hætterne i strimler. Bring svampe, bouillon, kylling, bambusskud og tofu i kog, læg låg på og lad det simre i 10 minutter. Bland sojasovsen, vineddike og majsstivelse til en jævn masse, tilsæt suppen og lad det simre i 2 minutter, indtil suppen er klar. Tilsæt gradvist ægget og sesamolie, bland med en pind. Dæk til og lad stå i 2 minutter før servering.

Svampesuppe

Serverer 4

15 tørrede kinesiske svampe
1,5 l / 2½ pt / 6 kopper hønsebouillon
5 ml / 1 tsk salt

Blødgør svampene i varmt vand i 30 minutter, og dræn derefter, mens du beholder væsken. Fjern stilkene og skær toppene i halve, hvis de er store, og læg dem i et stort varmefast fad. Stil beholderen på en rist i en dampkoger. Bring bouillonen i kog, hæld den over svampene, læg låg på og lad det simre i kogende vand i 1 time. Smag til med salt og server.

Svampe- og kålsuppe

Serverer 4

25 g tørrede kinesiske svampe
15 ml / 1 spsk jordnøddeolie (peanut).
50 g hakkede kinesiske blade
15 ml / 1 spsk risvin eller tør sherry
15 ml / 1 spsk sojasovs
1,2 l / 2 point / 5 kopper kylling eller grøntsagssuppe
salt og friskkværnet peber
5 ml / 1 tsk sesamolie

Blødgør svampene i varmt vand i 30 minutter, og filtrer derefter. Fjern stilkene og skær toppen af. Varm olien op og steg champignon og kinablade i 2 minutter, indtil de er godt dækket. Hæld vin eller sherry og sojasovs over, og tilsæt derefter bouillon. Bring det i kog, smag til med salt og peber og lad det simre i 5 minutter. Drys med sesamolie inden servering.

Svampeæggesuppe

Serverer 4

1 l / 1¾ pt / 4¼ *kopper kyllingebouillon*
30 ml / 2 *spsk majsmel (majsstivelse)*
100 g *champignon i skiver*
1 *skive løg, finthakket*
knivspids salt
3 *dråber sesamolie*
2,5 ml / ½ *tsk sojasovs*
1 *sammenpisket æg*

Bland lidt bouillon med majsstivelsen, og bland derefter alle ingredienserne undtagen ægget. Bring det i kog, læg låg på og lad det simre i 5 minutter. Tilsæt ægget under omrøring med en pind, så ægget danner snore. Fjern fra varmen og lad hvile i 2 minutter før servering.

Svampe- og kastanjesuppe med vand

Serverer 4

1 l / 1¾ pt / 4¼ kopper grøntsagsbouillon eller vand

2 løg, finthakket

5 ml / 1 tsk risvin eller tør sherry

30 ml / 2 spsk sojasovs

225 g svampe

100 g vandkastanjer i skiver

100 g bambusskud, skåret i skiver

et par dråber sesamolie

2 salatblade, skåret i stykker

2 forårsløg (spidskål), i tern

Bring vand, løg, vin eller sherry og sojasovs i kog, læg låg på og lad det simre i 10 minutter. Tilsæt svampe, vandkastanjer og bambusskud, læg låg på og lad det simre i 5 minutter. Tilsæt sesamolie, salatblade og forårsløg, tag af varmen, læg låg på og lad stå i 1 minut før servering.

Svinekød og svampesuppe

Serverer 4

60 ml / 4 spiseskefulde jordnøddeolie (peanut).

1 fed hvidløg, knust

2 løg, skåret i skiver

225 g magert svinekød, skåret i strimler

1 stilk selleri, hakket

50 g champignon i skiver

2 gulerødder, skåret i skiver

1,2 l / 2pt / 5 kopper oksebouillon

15 ml / 1 spsk sojasovs

salt og friskkværnet peber

15 ml / 1 spsk majsmel (majsstivelse)

Varm olien op og svits hvidløg, løg og svinekød, indtil løget er blødt og let brunet. Tilsæt selleri, champignon og gulerødder, læg låg på og lad det simre i 10 minutter. Bring bouillonen i kog, og hæld den derefter i gryden med soyasovsen og smag til med salt og peber. Bland majsstivelsen med lidt vand, hæld det derefter i gryden og lad det simre under omrøring i cirka 5 minutter.

Svinekød og brøndkarse suppe

Serverer 4

1,5 l / 2½ pt / 6 kopper hønsebouillon
100 g magert svinekød skåret i strimler
3 stilke selleri, skåret diagonalt
2 forårsløg (spidskål), skåret i skiver
1 bundt brøndkarse
5 ml / 1 tsk salt

Kog bouillonen op, tilsæt svinekød og selleri, læg låg på og lad det simre i 15 minutter. Tilsæt forårsløg, brøndkarse og salt og lad det simre uden låg i cirka 4 minutter.

Svinekød agurk suppe

Serverer 4

100 g magert svinekød, skåret i tynde skiver
5 ml / 1 tsk majsmel (majsstivelse)
15 ml / 1 spsk sojasovs
15 ml / 1 spsk risvin eller tør sherry
1 agurk
1,5 l / 2½ pt / 6 kopper hønsebouillon
5 ml / 1 tsk salt

Bland svinekød, majsstivelse, sojasovs og vin eller sherry. Rør for at dække svinekødet. Skræl agurken og halver den på langs, og fjern derefter kernerne. Skær i tykke skiver. Kog bouillonen, tilsæt svinekødet, læg låg på og lad det simre i 10 minutter. Tilsæt agurken og svits i et par minutter, indtil den er gennemsigtig. Tilsæt saltet og tilsæt lidt mere soja, hvis du har lyst.

Suppe med frikadeller og pasta

Serverer 4

50 g risnudler

225 g hakket svinekød (hakket).

5 ml / 1 tsk majsmel (majsstivelse)

2,5 ml / ½ tsk salt

30 ml / 2 spsk vand

1,5 l / 2½ pt / 6 kopper hønsebouillon

1 forårsløg (løg), finthakket

5 ml / 1 tsk sojasovs

Udblød dejen i koldt vand, indtil du laver frikadellerne. Bland svinekød, majsstivelse, lidt salt og vand og form kugler på størrelse med valnødder. Kog en gryde vand op, tilsæt svinefrikadellerne, læg låg på og lad det simre i 5 minutter. Dræn godt af og afdryp pastaen. Bring bouillonen i kog, tilsæt svinefrikadellerne og pastaen, læg låg på og lad det simre i 5 minutter. Tilsæt spidskål, sojasovs og det resterende salt og svits i yderligere 2 minutter.

Spinat og tofu suppe

Serverer 4

1,2 l / 2pt / 5 kopper kyllingesuppe

200 g dåsetomater, drænet og hakket

225 g tofu i tern

225 g spinat, hakket

30 ml / 2 spsk sojasovs

5 ml / 1 tsk brun farin

salt og friskkværnet peber

Bring bouillonen i kog, tilsæt derefter tomater, tofu og spinat og bland forsigtigt. Bring det i kog igen og lad det simre i 5 minutter. Tilsæt sojasovs og sukker og smag til med salt og peber. Lad det simre i 1 minut inden servering.

Sukkermajs og krabbejuice

Serverer 4

1,2 l / 2pt / 5 kopper kyllingesuppe
200 g sukkermajs
salt og friskkværnet peber
1 sammenpisket æg
200 g krabbekød, i flager
3 skalotteløg, hakket

Bring bouillonen i kog, tilsæt majs og smag til med salt og peber. Kog ved svag varme i 5 minutter. Lige inden servering piskes æggene med en gaffel og piskes ovenpå suppen. Server drysset med krabbekød og hakket skalotteløg.

Szechuan suppe

Serverer 4

4 tørrede kinesiske svampe

1,5 l / 2½ pt / 6 kopper hønsebouillon

75 ml / 5 spsk tør hvidvin

15 ml / 1 spsk sojasovs

2,5 ml / ½ tsk varm sauce

30 ml / 2 spsk majsmel (majsstivelse)

60 ml / 4 spiseskefulde vand

100 g magert svinekød skåret i strimler

50 g kogt skinke skåret i strimler

1 rød peberfrugt skåret i strimler

50 g vandkastanjer, skåret i skiver

10 ml / 2 teskefulde vineddike

5 ml / 1 tsk sesamolie

1 sammenpisket æg

100 g pillede rejer

6 forårsløg (spidskål), hakket

175 g tofu i tern

Blødgør svampene i varmt vand i 30 minutter, og filtrer derefter. Fjern stilkene og skær toppen af. Medbring bouillon, vin, soja sauce og chilisauce, bring det i kog, læg låg på og lad det simre i 5 minutter. Bland majsstivelsen med halvdelen af vandet og tilsæt suppen under omrøring, indtil den er tyk. Tilsæt svampe, svinekød, skinke, peber og vandkastanjer og lad det simre i 5 minutter. Bland vineddike og sesamolie. Pisk ægget med det resterende vand og hæld det i suppen under kraftig omrøring. Tilsæt rejer, spidskål og tofu og svits i et par minutter, så de bliver varmet igennem.

tofu suppe

Serverer 4

1,5 l / 2½ pt / 6 kopper hønsebouillon
225 g tofu i tern
5 ml / 1 tsk salt
5 ml / 1 tsk sojasovs

Bring bouillonen i kog og tilsæt tofu, salt og sojasovs. Lad det simre et par minutter, indtil tofuen er varm.

Fisk og tofu suppe

Serverer 4

225 g hvid fiskefilet skåret i strimler

150 ml / ¼ pt / ½ generøs kop risvin eller tør sherry

10 ml / 2 tsk finthakket ingefærrod

45 ml / 3 spsk sojasovs

2,5 ml / ½ tsk salt

60 ml / 4 spiseskefulde jordnøddeolie (peanut).

2 løg, hakket

100 g champignon i skiver

1,2 l / 2pt / 5 kopper kyllingesuppe

100 g tofu, skåret i tern

salt og friskkværnet peber

Læg fisken i en skål. Bland vin eller sherry, ingefær, sojasovs og salt og hæld over fisken. Lad det marinere i 30 minutter. Varm olien op og steg løget i 2 minutter. Tilsæt svampene og fortsæt med at svitse indtil løgene er bløde, men ikke brune. Tilsæt fisken og marinaden, bring det i kog, læg låg på og lad det simre i 5 minutter. Tilsæt bouillon, bring det i kog igen, læg låg på og lad det simre i 15 minutter. Tilsæt tofuen og smag til med salt og peber. Kog indtil tofuen er kogt.

Tomatsuppe

Serverer 4

400 g dåsetomater, drænet og hakket
1,2 l / 2pt / 5 kopper kyllingesuppe
1 skive ingefærrod, hakket
15 ml / 1 spsk sojasovs
15 ml / 1 spsk chilisauce
10 ml / 2 teskefulde sukker

Kom alle ingredienserne i en gryde og bring det i kog ved svag varme under omrøring af og til. Kog i cirka 10 minutter før servering.

Tomat og spinatsuppe

Serverer 4

1,2 l / 2pt / 5 kopper kyllingesuppe
225 g hakkede dåsetomater
225 g tofu i tern
225 g spinat
30 ml / 2 spsk sojasovs
salt og friskkværnet peber
2,5 ml / ½ tsk sukker
2,5 ml / ½ tsk risvin eller tør sherry

Bring bouillonen i kog, tilsæt derefter tomater, tofu og spinat og lad det simre i 2 minutter. Tilsæt resten af ingredienserne, lad det simre i 2 minutter, bland derefter godt og server.

majroesuppe

Serverer 4

1 l / 1¾ pt / 4¼ kopper kyllingebouillon
1 stor majroe, skåret i tynde skiver
200 g magert svinekød, skåret i tynde skiver
15 ml / 1 spsk sojasovs
60 ml / 4 spsk brandy
salt og friskkværnet peber
4 skalotteløg, finthakket

Bring bouillonen i kog, tilsæt majroer og svinekød, læg låg på og lad det simre i 20 minutter, indtil majroerne er møre og kødet er mørt. Bland sojasauce og brandy sæson efter smag. Kog varmt og server drysset med skalotteløg.

Suppe

Serverer 4

6 tørrede kinesiske svampe
1 l / 1¾ pt / 4¼ kopper grøntsagsbouillon
50 g bambusskud skåret i strimler
50 g vandkastanjer, skåret i skiver
8 ærter i skiver
5 ml / 1 tsk sojasovs

Blødgør svampene i varmt vand i 30 minutter, og filtrer derefter. Fjern stilkene og skær hætterne i strimler. Tilsæt til bouillonen med bambusskud og vandkastanjer, bring det i kog, læg låg på og lad det simre i 10 minutter. Tilsæt sneærter og sojasovs, læg låg på og lad det simre i 2 minutter. Lad stå i 2 minutter før servering.

vegetarsuppe

Serverer 4

¼ *kål*
2 gulerødder
3 stilke selleri
2 forårsløg (spidskål)
30 ml / 2 spsk jordnøddeolie (peanut).
1,5 l / 2½ pt / 6 kopper vand
15 ml / 1 spsk sojasovs
15 ml / 1 spsk risvin eller tør sherry
5 ml / 1 tsk salt
friskkværnet peber

Skær grøntsagerne i strimler. Varm olien op og steg grøntsagerne i 2 minutter, indtil de begynder at blive bløde. Tilsæt de øvrige ingredienser, bring det i kog, læg låg på og lad det simre i 15 minutter.

brøndkarse suppe

Serverer 4

1 l / 1¾ pt / 4¼ kopper kyllingebouillon
1 løg, finthakket
1 stilk selleri, hakket
225 g brøndkarse, hakket groft
salt og friskkværnet peber

Kog bouillon, løg og selleri, læg låg på og lad det simre i 15 minutter. Tilsæt brøndkarse, læg låg på og lad det simre i 5 minutter. Smag til med salt og peber.

Stegt fisk med grøntsager

Serverer 4

4 tørrede kinesiske svampe

4 hele fisk, renset og uden skæl

vi steger olie

30 ml / 2 spsk majsmel (majsstivelse)

45 ml / 3 spiseskefulde jordnøddeolie (peanut).

100 g bambusskud skåret i strimler

50 g vandkastanjer skåret i strimler

50 g kinesisk grønkål, hakket

2 skiver ingefærrod, hakket

30 ml / 2 spsk risvin eller tør sherry

30 ml / 2 spsk vand

15 ml / 1 spsk sojasovs

5 ml / 1 tsk sukker

120 ml / 4 fl oz / ¬Ω kop fiskejuice

salt og friskkværnet peber

¬Ω salathoved, revet

15 ml / 1 spsk hakket flad persille

Blødgør svampene i varmt vand i 30 minutter, og filtrer derefter. Fjern stilkene og skær toppen af. Skær fisken i halve majsmel og ryst overskydende af. Varm olien op og steg fisken i cirka 12 minutter, til den er gennemstegt. Afdryp på køkkenpapir og hold varmt.

Varm olien op og svits champignon, bambusskud, vandkastanjer og kål i 3 minutter. Tilsæt ingefær, vin eller sherry, 15 ml/1 spsk vand, sojasovs og sukker og lad det simre i 1 minut. Tilsæt bouillon, salt og peber, bring det i kog, læg låg på og lad det simre i 3 minutter. Bland majsstivelsen med resten af vandet, hæld det i gryden og lad det simre under omrøring, indtil saucen tykner. Læg salaten på et serveringsfad og læg fisken ovenpå. Hæld grøntsagerne og saucen over og server pyntet med persille.

Hel stegt fisk

Serverer 4

1 stor havbars eller lignende fisk
45 ml / 3 spsk majsmel (majsstivelse)
45 ml / 3 spiseskefulde jordnøddeolie (peanut).
1 finthakket løg
2 fed hvidløg, hakket
50 g skinke, skåret i strimler
100 g pillede rejer
15 ml / 1 spsk sojasovs
15 ml / 1 spsk risvin eller tør sherry
5 ml / 1 tsk sukker
5 ml / 1 tsk salt

Dæk fisken med majsstivelse. Varm olien op og svits løg og hvidløg til de er gyldenbrune. Tilsæt fisken og steg den gyldenbrun på begge sider. Overfør fisken til alufolie i et ovnfad og pynt med skinke og rejer. Tilsæt sojasovsen, vin eller sherry, sukker og salt til gryden og bland godt. Hæld over fisken, luk folien og bag i en ovn forvarmet til 150¬∞C i 20 minutter.

Dampet sojafisk

Serverer 4

1 stor havbars eller lignende fisk
Salt
50 g / 2 oz / ½ kop universalmel.
60 ml / 4 spiseskefulde jordnøddeolie (peanut).
3 skiver ingefærrod, hakket
3 forårsløg (spidskål), hakket
250 ml / 8 fl oz / 1 kop vand
45 ml / 3 spsk sojasovs
15 ml / 1 spsk risvin eller tør sherry
2,5 ml / ½ teskefuld sukker

Rens og skæl fisken og skær den diagonalt på begge sider. Drys med salt og lad stå i 10 minutter. Varm olien op og steg fisken gyldenbrun på begge sider, vend én gang og drys med olie under stegning. Tilsæt ingefær, forårsløg, vand, sojasovs, vin eller sherry og sukker, bring det i kog, læg låg på og lad det simre i 20 minutter, indtil fisken er mør. Serveres varm eller kold.

Sojafisk med østerssauce

Serverer 4

1 stor havbars eller lignende fisk
Salt
60 ml / 4 spiseskefulde jordnøddeolie (peanut).
3 forårsløg (spidskål), hakket
2 skiver ingefærrod, hakket
1 fed hvidløg, knust
45 ml / 3 spsk østerssauce
30 ml / 2 spsk sojasovs
5 ml / 1 tsk sukker
250 ml / 8 fl oz / 1 kop fiskefond

Rens og størrelse fisken og skær den diagonalt et par gange på begge sider. Drys med salt og lad stå i 10 minutter. Varm det meste af olien op og steg fisken gyldenbrun på begge sider, vend én gang. Varm imens den resterende olie op i en separat gryde og svits forårsløg, ingefær og hvidløg til de er gyldenbrune. Tilsæt østerssaucen, sojasovsen og sukkeret og lad det simre i 1 minut. Tilsæt bouillon og bring det i kog. Hæld blandingen i doradofisken, bring det i kog, læg låg på og lad det simre i ca.

15 minutter til fisken er kogt, vend en eller to gange under tilberedningen.

dampet havaborre

Serverer 4

1 stor havbars eller lignende fisk
2,25 l / 4 stk / 10 glas vand
3 skiver ingefærrod, hakket
15 ml / 1 spsk salt
15 ml / 1 spsk risvin eller tør sherry
30 ml / 2 spsk jordnøddeolie (peanut).

Rens og skæl fisken og lav flere diagonale snit på begge sider. Kog vand i en stor gryde og tilsæt resten af ingredienserne. Dyp fisken i vandet, dæk godt til, sluk for varmen og lad den hvile i 30 minutter til fisken er mør.

Dampet fisk med svampe

Serverer 4

4 tørrede kinesiske svampe
1 stor karpe eller lignende fisk
Salt
45 ml / 3 spiseskefulde jordnøddeolie (peanut).
2 forårsløg (spidskål), hakket
1 skive ingefærrod, hakket
3 fed hvidløg, hakket
100 g bambusskud skåret i strimler
250 ml / 8 fl oz / 1 kop fiskefond
30 ml / 2 spsk sojasovs
15 ml / 1 spsk risvin eller tør sherry
2,5 ml / ¬Ω teskefuld sukker

Blødgør svampene i varmt vand i 30 minutter, og filtrer derefter. Fjern stilkene og skær toppen af. Skær flere diagonale snit på begge sider af fisken, drys med salt og lad hvile i 10 minutter. Varm olien op og steg fisken gyldenbrun på begge sider. Tilsæt forårsløg, ingefær og hvidløg og steg i 2 minutter. Tilsæt de øvrige ingredienser, bring det i kog, læg låg på og lad det simre i 15 minutter, indtil fisken er mør, vend en eller to gange under omrøring af og til.

sød og sur fisk

Serverer 4

1 stor havbars eller lignende fisk

1 sammenpisket æg

50 g majsmel (majsstivelse)

vi steger olie

Til saucen:

15 ml / 1 spsk jordnøddeolie (peanut).

1 grøn peberfrugt, skåret i strimler

100 g dåse ananas i sirup

1 løg, skåret i ringe

100 g / 4 oz / ¬Ω kop brun farin

60 ml / 4 spsk hønsebouillon

60 ml / 4 spiseskefulde vineddike

15 ml / 1 spsk tomatpure √ © e (pasta)

15 ml / 1 spsk majsmel (majsstivelse)

15 ml / 1 spsk sojasovs

3 forårsløg (spidskål), hakket

Rens fisken og fjern finner og hoved, hvis du har lyst. Rul den over det sammenpiskede æg og derefter over majsstivelsen. Varm olien op og steg fisken færdig. Dræn godt af og hold varmen.

For at forberede saucen skal du varme olien op og stege peberfrugter, drænet ananas og løg heri i 4 minutter. Tilsæt 30 ml / 2 spsk ananassirup, sukker, bouillon, vineddike, tomatpuré, majsstivelse og sojasovs, og bring det derefter i kog under omrøring. Lad det simre ved svag varme under omrøring, indtil saucen bliver klar og tykner. Hæld over fisk og server drysset med forårsløg.

Flæsk fyldt fisk

Serverer 4

1 stor karpe eller lignende fisk
Salt
100 g hakket svinekød (hakket).
1 forårsløg (løg), finthakket
4 skiver ingefærrod, hakket
15 ml / 1 spsk majsmel (majsstivelse)
60 ml / 4 spsk sojasovs
15 ml / 1 spsk risvin eller tør sherry
5 ml / 1 tsk sukker
75 ml / 5 spiseskefulde jordnøddeolie (peanut).
2 fed hvidløg, hakket
1 løg, skåret i skiver
300 ml / ¬Ω pt / 1¬° kop vand

Fisken renses, skælles og drysses med salt. Bland svinekød, forårsløg, lidt ingefær, majsstivelse, 15 ml / 1 spsk sojasovs, vin eller sherry og sukker og brug til at fylde fisken. Varm olien op og steg fisken gyldenbrun på begge sider, tag derefter det af panden og dræn det meste af olien. Tilsæt det resterende hvidløg og ingefær og steg til de er gyldenbrune.

Tilsæt den resterende sojasovs og vand, bring det i kog og lad det simre i 2 minutter. Kom fisken tilbage i gryden, læg låg på og lad den simre i cirka 30 minutter, indtil fisken er gennemstegt, vend en eller to gange.

Dampet krydret karpe

Serverer 4

1 stor karpe eller lignende fisk

150 ml / ¬° pt / generøs kop ¬Ω jordnøddeolie (peanut).

15 ml / 1 spsk sukker

2 fed hvidløg, finthakket

100 g bambusskud, skåret i skiver

150 ml / ¬° pt / god ¬Ω kop fiskesuppe

15 ml / 1 spsk risvin eller tør sherry

15 ml / 1 spsk sojasovs

2 forårsløg (spidskål), hakket

1 skive ingefærrod, hakket

15 ml / 1 spsk saltet vineddike

Rens og fjern skæl fra fisken og lad den trække et par timer i koldt vand. Dræn og tør, skær derefter begge sider et par gange. Varm olien op og fritér fisken på begge sider. Fjern fra panden, hæld i og gem alt undtagen 30 ml/2 spsk olie. Tilsæt sukkeret i gryden og rør til det er mørkt. Tilsæt hvidløg og bambusskud og bland godt. Tilsæt resten af ingredienserne, bring det i kog, kom derefter fisken tilbage i gryden, læg låg på og lad det simre i cirka 15 minutter, indtil fisken er mør.

Anret fisken i en varm gryde og hæld saucen over.